全本全注全译丛书

中华经典名著

乔天一◎译注

龙文鞭影 上

中华书局

目录

上册

下册

前言

　　我国是个历史悠久的文明古国，每个历史阶段都产生过很多有作为、有影响的人物，也有很多人本身虽然名气不大，但留下了可歌可泣的事迹，这些人物、事迹大多被记载在古代的正史、野史、笔记、文集等著作之中。首先，这些流传下来的古人事迹大多是正面的、有教育意义的，少部分事迹虽然是负面的，但也能起到鉴戒作用。"以古为镜，可以知兴替；以人为镜，可以明得失。"通过讲述古人旧事，可以进行世界观、人生观、价值观的塑造。其次，古人写诗作文，经常要用到典故，如果读书人不会用典，或者用得不合适，诗文的文采就会大打折扣，而这些典故又多由古人事迹演化而来。读书人如果缺乏这方面的知识，虽然不至于"无以言""无以立"，但"腹笥不广"的标签，恐怕是永远洗不掉了。然而我国古代文化发达，文献浩如烟海，即使是大学问家，也不可能通读所有典籍。

　　既然存在"读不完"和"必须读"的矛盾，专讲典故的书就应运而生了，也就是所谓"类书"。魏文帝曹丕令刘劭、王象、缪袭等"撰集经传，随类相从，凡千余篇"，号为《皇览》，这是类书之滥觞。其后仿作如《华林遍略》《修文殿御览》《艺文类聚》《北堂书钞》等，历代有之。唐玄宗时期，命徐坚纂修了一部类书，名为《初学记》，共三十卷，分二十三部，从群经诸子、历代诗赋中摘引典故，并设"事对"一门（这可能是仿照更早的类书如《语对》《众书事对》等的体例），将掌故编排成对仗的韵语，以便玄宗的儿子们在写作诗文时分门检事。由于这种偶对隶事的形式既便于诵读，又能以故事增进读者的兴趣，所以逐渐被用在了蒙学方面。唐人李瀚首先摘取史传轶事编成四言韵语，书名《蒙求》，宋代徐子光为其作注，自宋至清，仿效之作层出不穷，《龙文鞭影》就是仿作中比较好的一种。

《龙文鞭影》初名《蒙养故事》，后经杨臣诤增订，取《龙文鞭影》为名，意在表明采用本书进行教育容易取得成效。"龙文"是古代骏马的名字，"鞭影"是说鞭子扬起以后不打下来，只是像一道影子似的划过。盖因良马看到鞭影就会加速，无须真的用鞭子抽打。对于古代蒙童来说，本书确实是名副其实的"速成教材"。之所以这样说，有以下几个原因：

第一，《龙文鞭影》的内容在同类蒙学教材中堪称丰富。与同类书的祖师爷《蒙求》相比，就能够看出本书的优越性。《蒙求》共636句，除去末尾4句，真正包含古人事迹的共632句；《龙文鞭影》全书1062句，不包含典故的也是4句。两书基本都是每句一个典故（有个别处是两句一个典故，《龙文鞭影》中偶尔还能见到一句包含两个典故的例子），由此可知《龙文鞭影》包含的典故数量远超《蒙求》。从时间范围看，《蒙求》收录的古人生活年代是从春秋到南北朝（实际南北朝的典故已经很少，基本都是魏晋及之前的）；《龙文鞭影》则收录自上古至明末清初的古人事迹，不仅范围更广，而且收录了大量唐宋名人轶事，相应地删去了一些不常用的汉晋典故，实可谓后出转精。

第二，《龙文鞭影》将典故分韵排布的做法，对于初涉诗文创作的蒙童有很大帮助。不同版本的《龙文鞭影》分韵法不太一致，最常见的通行本是依偶数句的末字为准，按照诗韵分类，举平以赅上、去、入，把句子分别收录在上下平声这三十个韵部中。这样一来，本书不仅读起来琅琅上口，易于记诵，而且如果作诗或韵文需要用典，可以按照相应的韵部去寻求,易于利用。

第三,《龙文鞭影》的典故之间有内在的联系,抓住脉络则记忆应用事半功倍。《龙文鞭影》是一部以韵分类的典故教材,各韵内典故丛杂,无法归纳每韵的整体内容,但是,这并不表示本书是在堆砌典故。一般来说,本书中相对的两个典故都是有联系的,如"公瑜嫁婢,处道还姬"都是帮助落难之人完成婚姻的故事,"燕投张说,凤集徐陵"都是名人出生前的异象,等等;也有些典故是两两对立的,如"安石执拗,味道模棱",指的是性格完全相反的两个人;还有一些典故从情节上看不出太多联系,但字面上能做到两两相对,如"郗愔启篚,殷羡投函""孟嘉落帽,宋玉披襟"之类,甚至可以直接搬用到韵文中。因此,《龙文鞭影》问世后,很快受到教师和学生的青睐,成为重要的蒙学教材。

其实,即使对今天的大众读者来说,《龙文鞭影》也是一本很有价值的读物。本书中的故事,从内容来说,涉及古代社会的方方面面,举凡天文地理、政治军事、文学艺术、医卜星相、帝王将相、才子佳人,无所不有;从时代来说,上到三皇五帝,下到明末清初,无所不包。这么一本"上下五千年,纵横十万里"的书,可以作为孩子们了解我国优秀传统文化的启蒙教材,也可以作为成年人"三余""三上"时的休闲读物。书中记载的各种轶事、掌故,一方面可供读者酒后茶余引为谈资,另一方面也是增进读者对传统文化的兴趣、进而扩展阅读领域的契机。从这个角度来说,本书中的一千多条典故,涉及几百种书,这何尝不是给读者列出了一份"传统文化基本书单"呢?

当然,《龙文鞭影》也不是没有瑕疵。本书是一部封建社会的蒙学教材,宣扬的是在当时道德体系中视为美谈的事迹,而这些事迹中的一些在现在看来是落后的,甚至是有害的。如"邓攸弃子""郭巨埋儿",这些古人津津乐道的孝友美谈,现代如果真有人按着他们的办法去实践了,不但很难引起社会的共鸣,还会触犯法律。还有一些典故宣扬神仙事迹和因果报应,其中有些是后人的附会之谈,有些甚至根本就是虚构出来的，自然不能完全相信。此外，本书对历史的评论也带有时代的印迹，在书中，曹操被看做篡逆的国贼，刘备是汉朝的正统继承者，章惇是奸臣，程颐、朱熹则是道德可以直追孔子的大儒。这种单纯从道德甚至一己之见角度出发评价历史人物的做法，对于古人来说是很自然的事情，但在今天看来是不够实事求是的。

虽然本书存在以上问题，但鉴于其收录典故广博，且整体在道德取向上能够做到扬善惩恶，因此瑕不掩瑜，仍具有重要的教育意义。然而可惜的是，这样一部有意义的蒙学教材，目前对它的作者以及成书过程的研究还很有限。现代通常将《龙文鞭影》的作者题为"萧良有、杨臣诤"，这个说法并不完备。光绪刻本所列的几位作者分别是：萧良有纂辑、杨臣诤增订、李恩绶校补、来集之音注，这几位虽然所用名义不同，但都为成书做出了不同程度的贡献。纂辑者萧良有是万历八年（1580）一甲第二名进士，官至国子监祭酒，卒年不详，但根据经历推测，大约去世于万历末年；作注者来集之则活动于明末崇祯年间（1628—1644）。从这两个人的生活时代看，本书应该成书于明朝万历年间，作注则晚到崇祯前后。增订者杨臣诤是明末清初桐城人，明亡后隐居不仕，本书中"休那题碣，叔邵凭棺"两个典故赞扬明末遗民能坚守大节，所提到的又都是桐城人，很可能就是杨臣诤补入的。校补者李恩绶是晚清镇江文坛的领袖人物，下平声"七阳"第一联"君起盘古，人始亚当"提到《圣经》人物，似乎不是明末清初人所能写出的，怀疑是他所改写的。至于杨臣诤具体"增订"了哪些文字，李恩绶又"校补"了什么内容，现在已不得而知。

由于《龙文鞭影》的流行，清代人李晖吉、徐灏曾经仿照本书的体例写了一部《龙文鞭影二集》，也是按三十韵分类，将本书作为《初集》，一起刻印。本次整理《龙文鞭影》，以李恩绶校补的清代光绪十年刻本为底本，没有包括《二集》在内，同时参校了上海锦章图书馆民国八年《龙文鞭影》版本，对其中明显的错讹之处直接进行了径改。

　　基于"中华经典名著全本全注全译丛书"的体例要求,本次整理、译注《龙文鞭影》,以韵为章,每韵加了"题解",简单说明本韵包含的典故情况。正文部分以四句为一节,每节下先列"注释",次以"译文"。注释部分以句为单位,对字词加以训解;解释字词后,再以出典为据,以尽量简洁的语言进行全句通讲;如训解和通讲还有未达之处(主要是涉及典故背景、内涵等,或非一言所能尽),则再另加按语,以助读者理解。译文部分则在把典故交代清楚的前提下,尽量对典故进行直译,不再发挥,以与前文的"注释"形成区别。

　　需要说明的是,《龙文鞭影》的作者们在编书时,往往不检原典,而是从宋元以来编纂的各种类书、丛书、志书中寻找典故,这就导致本书中常有似是而非之处。如他们把"蒲元性有巧思"读成"蒲元性/有巧思",于是写出"元性成刀",显然是没有读过《三国志》裴注所引《蒲元别传》,所以不知其人名"元","性"字当属下读。又如"北山学士"一句,系指北宋人徐大正,苏轼、秦观都曾在诗文中提及徐大正筑室于北山,但"北山学士"之号,却是明代志书"送给"徐氏的,不见于苏、秦之作,而本书作者居然就照抄下来了。更有甚者,本书"玉署贮贤"一句,用的本是《石林燕语》和《翰林志》的典故,但由于作者不悉制度,把唐宋和明代的翰林院职能弄混了,导致出了笑话。类似这样的问题,只能通过编者按语的方式提示读者,并尽量追溯到问题的源头。

　　同时,书中还存在着一些一时找不到根源何在的问题。如"西溪晏咏"句,认为晏殊曾在今江苏东台的西溪做盐场的监当官,并以牡丹为题作诗,这是当地明代以来方志的通说,却不知道方志纂修者何所据而云然,只能推测或是因吕夷简曾监西溪盐场而误。那么,吕夷简何以会被误认为晏殊呢?这个问题就很难从文献方面解决了。还有"灌园陈定"一条,我们能够知道是用于陵仲子辞楚王之聘、宁愿以灌园为生的典故,但一直被称为"陈仲""陈仲子"的於陵仲子到底是怎么变成"陈定"的呢?现在也很难说清楚本末源流。似此之类,笔者限于见识,只能在按语中略加说明，以待达者教我。

　　另外，原书内文用字显误，或系避讳改字的，本书都径自回改，不再出注。前者如"祖逖南塘"一条，底本把"塘"字误书为"唐"，因确知"南塘"为地名，即径改作"塘"。后者如清朝统治者忌讳"虏"字，底本往往改刻作"卤"，今人无需避讳，遂可径行回改。诸如此类，不再在内文中一一说明，请读者见谅。

　　由于笔者见识有限，无论对字词的训释，还是对掌故的解读，都难免有不当之处。如有纰漏，敬希广大读者指正。

乔天一

2020年7月于京南住所

卷一

【题解】

《龙文鞭影》的分卷方式，与类书的主流不同。大多数类书都以事类为目，如《太平御览》，就是按天、地、人、事、物排序，依次是天部、时序部、地部、皇王部、偏霸部、皇亲部、州郡部……《龙文鞭影》则是以音韵分类，将同韵的句子归入一部，而不考虑事类方面的关系。具体来说，该书是按照《平水韵》上平声十五韵、下平声十五韵分部，共三十部。每部之中，皆按两句一韵的方式押相应的平声韵，不涉及上、去、入三部字。卷一共七个韵部，自"一东"至"七虞"，为上平声的前七韵。

"一东"韵共五十六句，本韵除去开宗明义的四句，涉及典故的有五十二句，其中"王戎简要，裴楷清通"两句实为一个典故，"韦文朱武，阳孝尊忠"两句各含两个人物典故，共五十三个典故。"二冬"韵共二十二句，每句一典，共二十二个典故。"三江"韵共二十四句，每句一典，则共有二十四个典故。"四支"韵共九十六句，除"召父杜母"一句可看作两个典故外，每句一典，共含九十七个典故。"五微"韵共十六句，每句一典，共十六个典故。"六鱼"韵共三十二句，每句一典，共涉及三十二个典故。"七虞"韵共五十四句，每句一典，共五十四个典故。

本卷七韵共二百九十八个典故，多取材于"二十四史"，以及《孟子》《列子》《搜神记》《世说新语》《西京杂记》《乐府诗集》等。其中不乏我们耳熟能详的典故，如程门立雪、毛遂自荐、乐羊子妻、两小儿辩日、刘邦斩白蛇、杨震四知等。除人物轶事外，也写到了一些名物，如受降城、克敌弩。多为修身、治国、爱国、忠君等主题，故内容繁而不复，庞而不杂。

一东

粗成四字①，诲尔童蒙②。经书暇日③，子史须通④。

【注释】

①粗成四字：粗，粗略、浅易、简单。

②诲尔童蒙：童蒙，儿童、小孩子。《周易·蒙卦》云："匪我求童蒙，童蒙求我。"后世遂以知识未开的儿童为童蒙，以就学识字为开蒙。

③经书暇（xiá）日：经书，古人称儒家的经典为"经"，儒家本有"六经"：《诗》《书》《礼》《乐》《易》《春秋》，后《乐经》失传，汉武帝时确定了"五经"之名。唐朝时，《春秋》分为"三传"：即《春秋左传》《春秋公羊传》《春秋穀梁传》；《礼》分为"三礼"，即《周礼》《仪礼》《礼记》。后来又陆续增加了《孝经》《论语》《孟子》《尔雅》四部，到南宋为止，最终定为"十三经"。"十三经"中的《论语》《孟子》加上出自《礼记》的《大学》《中庸》两篇，又合称为"四书"，是南宋以来读书人的必读书。暇日，有空之日。

④子史须通：子史，子部书与史部书的合称。我国古代将典籍大致分为经、史、子、集四部：经部收录"十三经"及相关的文献注疏，史部收录历史著作，子部除收录先秦诸子百家的著作外，还涉及天文算法、农田水利、医卜星相、释道二教等学术领域，集部则收录历代诗集文集、文学评论著作以及词曲等文学作品。

【译文】

把典故写成浅易的四字句，用来教导你们这些儿童。在读"经部图书"之余，也应该抽出时间阅读子部、史部的书籍，以求通晓。

重华大孝①，武穆精忠②。尧眉八彩③，舜目重瞳④。

【注释】

①重华大孝：重华，即舜。有虞氏，姚姓，一说妫姓，史称"虞舜"。重华是他的名字。舜是传说中的上古圣王。据《孟子》，舜年轻时，父母和弟弟象多次试图置他于死地，但舜对父母依然孝敬，对弟弟依然友爱，身居高位后也仍然这样。因此，古人把舜当做大孝的典范。按，《史记·五帝本纪》里的记载更详尽。

②武穆精忠：武穆，即岳飞（1103—1142），字鹏举，相州汤阴（今河南汤阴）人，死后追谥武穆。南宋抗金名将、民族英雄。据《宋史·岳飞传》，岳飞年轻时，母亲曾在他背上刺下"精忠报国（一说为"尽忠报国"）"四字，勉励他为国尽忠。岳飞不忘母亲的教导，始终以北伐为志，在抗金战争中立下赫赫战功，最终因不附和议，为秦桧害死，被后人视为精忠报国的典型人物。

③尧眉八彩：尧，号陶唐氏，史称"唐尧"，伊祁姓，名放勋。传说中的上古圣王，将天下禅让给舜。据《春秋纬》，"尧眉八彩，是谓通明"。古人将此视为帝王所特有的异相。

④舜目重瞳（tóng）：重瞳，据《尸子》，舜的眼睛有两个瞳孔。这本是一种生理上的异常现象，因为少见，也被视为帝王之征。

【译文】

舜对父母极其孝顺，岳飞对国家最为忠诚。尧的眉毛有八种颜色，舜的眼睛有两个瞳孔。

商王祷雨①，汉祖歌风②。秀巡河北③，策据江东④。

【注释】

①商王祷（dǎo）雨：商王，商朝的帝王，此处指商汤。汤，子姓，名

履，又名成汤、武汤、天乙、大乙，"汤"是后人对他的尊称。汤是夏朝末年商国的君主，击败夏朝的末代君主桀，建立了商朝。据《吕氏春秋·季秋纪·顺民》（《春秋左传正义·襄公十年》引《尚书大传》，情节略同），汤攻灭夏桀之后，曾连续大旱五年（按，《尚书大传》作"七年"），汤就以自己为祭品，在桑林举行祈祷，说："余一人有罪，无及万夫。万夫有罪，在余一人。无以一人之不敏，使上帝鬼神伤民之命。"于是"翦其发，郦其手"，把自己作为祭牲，向上帝祈福，百姓都心悦诚服。祈祷结束后，适逢天降大雨，解除了旱情。古人认为，这是因为商汤能通晓鬼神之变化与人事转移之道，并因势利导的缘故。按，《墨子·兼爱下》《尸子》等先秦典籍中都记载了汤因大旱，以己为牺牲，向上天祈祷的故事，《吕氏春秋》《尚书大传》的记载，大概就是在《墨子》《尸子》所载故事的基础上增益而来的。

②汉祖歌风：汉祖，即汉高祖刘邦（前256—前195），字季，沛县（今江苏沛县）人，西汉开国皇帝。据《史记·高祖本纪》，刘邦平定淮南王英布的反叛后，以皇帝的身份回到故乡，与父老饮酒聚会。酒酣之际，刘邦想到功臣韩信、彭越、英布等都先后因"谋反"嫌疑被诛灭，乃击筑唱道："大风起兮云飞扬，威加海内兮归故乡，安得猛士兮守四方！"这首歌被后人称为《大风歌》。

③秀巡河北：秀，即汉光武帝刘秀（前5—57），字文叔，南阳蔡阳（今湖北枣阳）人，汉高祖刘邦九世孙，东汉开国皇帝。河北，古时指黄河以北的地区，非今河北省。下文同。据《后汉书·光武帝纪》，刘秀参加西汉末年反对王莽政权的义军，在更始帝刘玄的政权中官至大司马，封萧王。后来，刘秀奉更始帝的命令巡行河北，获得当地官员和豪强的支持，并以河北为基业，逐步统一全国，建立了东汉王朝。

④策据江东：策，即孙策（175—200），字伯符，吴郡富春（今浙江富

阳）人，东汉末年军阀，建安三年（198），朝廷任命为讨逆将军，封
吴侯。后遇刺身亡。其弟孙权称帝后，追谥为长沙桓王。江东，
长江在今芜湖至南京段向东北斜流，故古人称长江此段的东岸
地区为江东。据《三国志·吴书·孙破虏讨逆传》，孙策在东汉
末年占据江东的吴、会稽、丹阳、豫章、庐陵、庐江等六郡之地，弟
孙权继之，建立孙吴政权。

【译文】

　　商汤在桑林向上天祈祷降雨，汉高祖在家乡的宴会上唱起《大风
歌》。刘秀巡行河北，以其为根基统一天下；孙策占据江东，为孙吴政权
打下基础。

太宗怀鹞①，桓典乘骢②。嘉宾赋雪③，圣祖吟虹④。

【注释】

① 太宗怀鹞（yào）：太宗，即唐太宗李世民（598—649），唐朝第二代
　　皇帝。鹞，鹞子，一种比鹰小的猛禽，可以训练它用于捕猎。据
　　《隋唐嘉话》，李世民在位时，大臣魏徵以敢于进谏著称。一次，
　　李世民正在逗弄鹞子，恰逢魏徵觐见。李世民怕魏徵批评他贪
　　图逸乐，就将鹞子藏在怀中。魏徵看见李世民藏起鹞子，故作不
　　知，上前奏事，滔滔不绝，并语及前朝贪图享受的帝王，借以劝
　　谏。李世民敬重魏徵，不愿打断他说话，鹞子最终就这样闷死在
　　怀中。

② 桓（huán）典乘骢（cōng）：桓典（？—201），字公雅，谯国龙亢
　　（今安徽怀远）人，东汉晚期大臣。骢，一种青白色的马，现在通
　　常称为"菊花青"。据《后汉书·桓典传》，桓典在汉灵帝时任侍
　　御史，刚直不畏权贵，京城洛阳的贵幸之徒都很怕他。由于桓典
　　"常乘骢马"，故京师有"行行且止，避骢马御史"的说法。

③嘉宾赋雪：嘉宾，指与梁孝王一起观赏雪景的宾客。赋雪，以雪
　为题目写诗作文。南朝文学家谢惠连的《雪赋》以西汉时梁孝王
　与宾客在兔园赏雪为主题，设想了梁孝王命司马相如描绘雪景、
　司马相如奉命作赋的情节。梁孝王（？—前144），名刘武，汉文
　帝之子、汉景帝之弟，景帝朝以母弟贵宠，招揽了包括司马相如、
　枚乘、邹阳等名士在内的许多宾客。

④圣祖吟虹：圣祖，英明的君主，这里指明太祖朱元璋（1328—
　1398），明朝第一代皇帝。吟虹，以彩虹为题目吟诗。据《碧里杂
　存》，朱元璋微服出行，与彭友信在途中相遇。朱元璋偶然看到
　彩虹，作了两句诗："谁把青红线两条，和云和雨系天腰？"彭友信
　立刻续上后两句："玉皇昨夜銮舆出，万里长空驾彩桥。"朱元璋
　认为彭友信有才华，与他约定次日早晨一起入朝。第二天，彭友
　信坚持等候朱元璋，以致错过上朝时间。朱元璋对彭友信重视
　信诺的品格非常赞赏，任命他为北平布政使。

【译文】

　　唐太宗为了避免魏徵劝谏，将鹞子揣在怀中；东汉桓典执法不避权
贵，被称为"骢马御史"。谢惠连在《雪赋》中描绘了梁孝王与宾客赏雪、
司马相如奉命作赋的场景；明太祖朱元璋微服出行，提拔了为他续《彩
虹》诗的彭友信。

邺仙秋水①，宣圣春风②。恺崇斗富③，浑潆争功④。

【注释】

①邺（yè）仙秋水：邺仙，即李泌（bì，722—789），唐朝中期著名政
　治家，封邺侯，官至宰相。他喜好神仙不死之术，所以被称为"邺
　仙"。秋水，秋天的水清澈明亮，古人常用来形容眼睛的澄净。
　据《邺侯外传》，贺知章评价童年的李泌说："这孩子的眼睛像秋

水一样，将来一定能做宰相。"李泌经历玄宗、肃宗、代宗、德宗四朝，出入皇宫，深受历代皇帝信赖，晚年果然做了宰相。

②宣圣春风：宣圣，即孔子（前551—前479），古人称孔子为圣人，汉朝皇帝追尊孔子为"褒成宣尼公"，所以后世称孔子为"宣圣"。春风，指孔子道德高尚，如同春风能助万物生长。据《尚友录》，汉武帝向东方朔询问孔子和弟子颜回的道德谁更出色。东方朔回答说："颜回的道德就像桂树，能让一座山都变得芳香；孔子的道德则像春风，所到之处万物都跟着生长。"按，此说不见于汉晋旧籍，似为后人所造作。

③恺（kǎi）崇斗富：恺，即王恺，西晋官员，晋武帝的舅舅。崇，即石崇（249—300），西晋官员，以巨富闻名。据《世说新语·汰侈》，晋武帝时，王恺和石崇互不服气，竞相用奢侈行为来显示自己的豪富。晋武帝为了帮助王恺取胜，赐给他一棵二尺多高的珊瑚树。王恺拿给石崇看，石崇拿起手边的铁如意，一下就把珊瑚树敲碎了。王恺非常愤怒，石崇说："不要生气，我还给你就是了。"于是令左右搬出家里的珊瑚树，仅高三四尺的就有六七棵，其他如王恺拿来炫耀那棵一样的还有很多。

④浑濬（jùn）争功：浑，即王浑（223—297），西晋大臣、将领。濬，即王濬（206—286），西晋名将。据《晋书·王濬传》，在晋灭吴的战争中，王浑从扬州进攻，王濬则从益州进攻。王浑打败吴军后，迟疑不敢渡江，王濬则顺长江而下，比王浑早攻入吴的都城建业，吴国君主孙皓被迫向王濬投降。王浑把这件事情看作自己的耻辱，向晋武帝奏报王濬在战争中有不法行为，又宣称王濬不听指挥，王濬也上书为自己辩护。经过调解，两人最终停止了争斗。

【译文】

李泌的眼睛像秋水一样清澈，童年时就被视为未来的宰相之器；孔子的道德如同春风一般,能够温养万物。王恺与石崇争豪斗富,竞相展现自己的奢侈;王浑与王濬争夺灭吴的首功,向皇帝上书攻击对方。

王伦使虏①,魏绛和戎②。恂留河内③,何守关中④。

【注释】

①王伦使虏:王伦(1081—1144),宋朝官员。使虏,出使金国。虏,古人对少数民族的蔑称。据《宋史·王伦传》,南宋初年,王伦被派往金国议和,达成收回河南地区、接回被金国俘虏的宋徽宗、宋钦宗的协议。后来金国发生政变,废止了和约,并将王伦扣押在北方。在囚禁生活中,王伦始终不肯投降金国,最终被金人处死。

②魏绛(jiàng)和戎:魏绛(?—前552),春秋时晋国的大夫。和戎,与少数民族保持友好关系。戎,最初是民族的名字,后来也变成古人对少数民族的蔑称。据《左传·襄公四年》,戎族部落无终派遣使者与晋国讲和,晋悼公认为戎人不讲信义,与其和他们保持友好关系,不如继续和他们打仗。魏绛极力阻止,向悼公指出与戎人保持友好的五点好处,如可以从戎人处购买土地,能够免除边境之患,可增强国家的威信等。悼公接受了魏绛的劝告,不再与戎族交战,集中力量于争霸中原,复兴了晋国一度衰微的霸业。

③恂(xún)留河内:恂,即寇恂(?—36),东汉开国功臣。河内,汉代郡名。在今河南西北部,郡治在怀县(今河南武陟)。据《后汉书·寇恂传》,刘秀攻下河内郡后,一时难以向南发展,决定北上镇压河北地区的起义军,留寇恂镇守河内郡。寇恂在郡,击败来犯的强敌,又不断为刘秀的军队供给粮草财物,刘秀非常赞赏他的功劳。

④何守关中:何,即萧何(?—前193),西汉开国功臣,官至丞相。

关中，古代地理区划，包括今陕西大部、甘肃一带。据《史记·萧相国世家》，刘邦平定关中后，派萧何辅佐刘盈（刘邦嫡长子）留守，自己率军东进，与项羽交战。萧何不断把关中的粮食转运到刘邦军中，刘邦多次打败仗，萧何又为他组织关中的青壮年补充军队。刘邦消灭项羽后，大封功臣，以萧何为首功。

【译文】

南宋初年，王伦出使金国讲和，被金人扣押处死；春秋时期，魏绛向晋侯建议与戎人讲和，晋国深得其利。东汉开国，寇恂任河内太守，为发兵北征的刘秀镇守根本要地，供给后勤；楚汉战争，萧何为刘邦镇守关中，不断征发关中补给前线，使刘邦足食足兵。

曾除丁谓①，皓折贾充②。田骄贫贱③，赵别雌雄④。

【注释】

①曾除丁谓：曾，即王曾（978—1038），北宋大臣，数次出任宰相。丁谓（966—1037），北宋大臣，曾任宰相。据《宋史·丁谓传》，宋真宗去世后，宰相丁谓权倾一时，专横跋扈。当时王曾为参知政事（副相），反感丁谓的专权，又难以正面对他发起进攻，于是设法求得与垂帘听政的刘太后单独交谈的机会，揭发了丁谓的罪过，丁谓遂被罢免，贬为崖州司户参军。

②皓（hào）折贾充：皓，即孙皓（242—284），三国时期东吴最后一个皇帝，有名的暴君。折，挫折、侮辱。贾充（217—282），曹魏重臣贾逵之子，司马昭的重要谋士，后来成为西晋开国元勋。据《资治通鉴·晋纪三》，晋灭吴后，孙皓被押送至西晋的都城洛阳，朝见晋武帝。在朝会上，贾充嘲讽孙皓说："听说您在南方凿人的眼睛，剥人的脸皮，这是什么刑罚啊？"孙皓说："做臣子的有杀害君主以及不忠诚的，就处以这种刑罚。"贾充在曹魏朝廷任职时，

有杀害君主曹髦的劣迹,听到孙皓的话后哑口无言。

③田骄贫贱:田,即田子方,战国时期学者。骄,对人表现出骄傲的态度。贫贱,贫穷而身份低下。据《史记·魏世家》,田子方曾对魏国的太子很不恭敬,太子生气地问他:"是富贵的人可以骄傲地对待别人呢？还是贫贱的人可以表现出骄傲来呢？"田子方说:"当然是贫贱的人可以表现骄傲,富贵的人怎么敢骄傲地对待别人？国君待人骄傲,就要失去他的国;大夫待人骄傲,就会失去他的家;贫贱的人呢,说的话不被采纳,做的事与人不合拍,可以穿上鞋就走,他到哪儿不都是贫贱的吗？没有什么可害怕失去的。"

④赵别雌雄:赵,即赵温(137—208),东汉大臣。别,判别,分清。雌雄,雄飞与雌伏,这里分别指两种不同的生活态度,即奋发有为与屈服隐忍。据《后汉书·赵温传》,赵温做京兆丞时曾经感叹:"大丈夫应该雄飞,怎么能够雌伏?"于是就离职回家了。按,京兆,郡名。辖西汉旧京长安及其周边诸县,郡治在长安。因系旧都,故设京兆尹为长官,秩二千石,京兆丞为副职,秩六百石。丞的秩次、权力都远低于尹,故赵温以为做京兆丞是"雌伏"。

【译文】

王曾以巧妙的计策除去权倾朝野的丁谓,孙皓用机变的言辞使有弑君污点的贾充受到挫伤。田子方以身份贫贱为骄傲,不屈于魏国太子的责问;赵温不甘于做京兆尹的副手而雌伏,遂辞官还乡。

王戎简要,裴楷清通①。子尼名士②,少逸神童③。

【注释】

①王戎简要,裴(péi)楷清通:王戎(234—305),西晋大臣。简要,简约扼要。裴楷(237—291),西晋官员。清通,清明通达。据

《世说新语·赏誉》，王戎、裴楷幼年时同去拜访朝臣钟会，事后，有人问钟会："刚才那两个孩子怎么样？"钟会说："裴楷内心清明，外表通达；王戎做事得要领而又简约。二十年后，这两个孩子都是能够做吏部尚书的，希望到那时天下没有遗漏的人才。"

②子尼名士：子尼，即蔡克（或作"充"），西晋官员。据《晋书·蔡谟传》，西晋时，荆州刺史王澄路过陈留郡（今河南开封附近），问当地来迎接的官员："本郡有哪些名士？"官员回答说："有蔡子尼（蔡克）、江应元（江统）。"当时陈留郡出了不少高官，王澄就问："如某某、某某，不也是本郡人吗？"官员答"是"。王澄又问："那你为何只称道蔡、江二人呢？"官员回答："之前以为您问的是人物品格，没想到问的是谁做的官大。"王澄闻言笑了起来，就不再问下去了。

③少逸（yì）神童：少逸，即刘少逸，北宋文人、官员。据《诗话总龟·幼敏门》，刘少逸十一岁时，诗文已经写得很好，其师潘阆（làng）带他去见王禹偁、罗处约，并献上刘少逸创作的诗文。王、罗二人见刘少逸年幼，怀疑这些作品是别人代写的，就要求与刘少逸联句。刘少逸连对数十句，不但文辞精妙，而且反应敏捷。王、罗二人叹服，遂向朝廷推举刘少逸，皇帝得知后，赐以进士及第。最终，刘少逸官至尚书员外郎。

【译文】

王戎做事简约而得要领，裴楷为人清明通达。蔡克品格高尚，被本郡公认为名士；刘少逸自幼才思敏捷，被视为神童。

巨伯高谊①，许叔阴功②。代雨李靖③，止雹王崇④。

【注释】

①巨伯高谊：巨伯，即荀巨伯，东汉桓帝时人。高谊，德行高尚。据

《世说新语·德行》，荀巨伯去探望生病的朋友，恰遇胡人攻打郡城。朋友说："我肯定要死了，你走吧。"荀巨伯不忍离开。胡人攻陷城池后，问荀巨伯："大军到来，一郡的人都逃散了，你怎么还在这里？"荀巨伯回答："朋友生病，我不忍抛弃他，希望能以我的生命换取他的生命。"胡人非常赞赏他的义气，说："我辈无义之人，而入有义之国。"就撤兵离去了，一郡得以保全。所谓"胡人"，余嘉锡先生认为即鲜卑人，是汉晋时期生活在我国北方的一个民族。

②许叔阴功：许叔，即许叔微（1079—1154），南宋名医、官员，世称"许学士"。阴功，即"阴德"，迷信的人指在人世间做了好事，在阴间可以记功。据《夷坚志》，许叔微少习举业，梦见有人对他说："汝欲登科，须积阴德。"许叔微家贫，自度无力施舍积德，遂行医济世。时间长了，他治愈的人越来越多，又梦见之前的人来说："药有阴功，陈楼间处。堂上呼卢，唱六作五。"后来许叔微应绍兴二年（1132）科举，中第六名进士，但由于他是太学内舍生，得以按照第五名的资格授官，排在他前一名的是陈祖言，后一名的则是楼材。梦中人所说的，至此都应验了。

③代雨李靖（jìng）：代雨，替人行雨。李靖（571—649），唐代开国功臣。据《续玄怪录》，李靖没做官时，曾寄居在霍山的山村中，每天出门打猎。一天，因追逐鹿群迷路，夜宿山中人家。夜半，有人到家中传令，这家的女主人觉得李靖形貌不凡，就对他说："这里是龙宫，上天命我们降雨，但我的儿子都不在，能烦您走一趟吗？"于是给李靖一匹马、一个水瓶，告诉他上马后放开马随便跑，听到马叫，从瓶中滴一滴水在马鬃上，当地就会下雨。李靖骑上马，马渐渐飞到空中，路过之前所住的村子，李靖看到当地非常干旱，想要为其解决旱灾，连滴了二十滴。回到龙宫后，女主人哭着说："你滴一滴水，地上就降一尺雨，二十滴水下去，村

子一夜平地水深两丈,哪里还有活人? 因为你,我被杖责八十,儿子也受了连累。"李靖离开后,再到之前的山村,果然当地已经被洪水淹没,只有大树还露出树梢。

④止雹(báo)王崇:止雹,停止冰雹。王崇,北魏孝子。据《魏书·孝感传》,王崇在父母先后去世后极其哀痛,超越了礼法的常规。那一年,他的家乡阳夏发生大规模的雹灾,对田地造成了巨大损害,然而当冰雹要经过王崇的田地时,却突然停息下来,王家的地丝毫没有遭到损害。更奇妙的是,过了王家的地以后,冰雹又变得像之前一样猛烈了。当时的人都认为这是王崇的孝行感动了上天。

【译文】

荀巨伯德行高尚,保全了一城百姓;许叔微积累阴德,终于得中进士。李靖年轻时仪表非凡,被请求代龙行雨;王崇对父母至孝,家乡发生雹灾时,只有他的田地不曾受损,时人认为这是因为他的孝行感动上天。

和凝衣钵①,仁杰药笼②。义伦清节③,展获和风④。

【注释】

①和凝衣钵(bō):和凝(898—955),五代时文学家、大臣,后晋时官至宰相。衣钵,僧人所穿法衣与食钵的合称。佛教以衣钵相传作为传承的标志,所以后人把师徒传授继承也称为"传衣钵"。据《渑水燕谈录·贡举门》,和凝中进士时名列第十三。有一年他主持科举考试,对参加考试的范质非常欣赏,于是将范质定为第十三名。事后,和凝对范质说:"你的文章是应该得第一名的,姑且委屈你排在第十三,将来传我的衣钵。"后来范质果然官至宰相,实现了和凝"传衣钵"的预言。

②仁杰药笼:仁杰(630—700),即狄仁杰,唐代名臣,武则天当政时

期官至宰相。药笼,盛药的器具。据《旧唐书·元行冲传》,元行冲经常给狄仁杰提意见,并对狄仁杰说:"下属侍奉上司,对上司来说就像是储藏各种东西备用,储备肉食是供食用的,储备药物是防病的。您门下的宾客里面可以充当美食角色的已经很多,希望能把我当做一味药物。"狄仁杰也对其他人说:"元行冲是我的'药笼中物',哪怕一天也不能缺少。"

③义伦清节:义伦,即沈义伦(909—987),后改名沈伦,北宋大臣,曾任宰相。清节,清廉有节操。据《宋史·沈伦传》,宋军攻灭后蜀政权,进入成都,主要将领在当地大肆搜刮,聚敛钱财,沈义伦不肯与他们同流合污。回京以后检查行李,沈义伦的箱子里只有几本书而已。宋太祖赞赏沈义伦的清廉,任命他做枢密副使。

④展获和风:展获,即柳下惠,又名展禽,春秋时鲁国人,有圣人之名。和风,形容展获的风范平和温厚。据《孟子·万章下》,孟子称赞展获为"圣之和者也",又说:"听闻柳下惠的风范,能让鄙俗的人宽容,轻薄的人敦厚。"后世因而称柳下惠为"和圣",并创造出"和风百世"一词赞美他。

【译文】

和凝做主考官时,看重范质,将其点为第十三名进士,以示衣钵传承;元行冲时常劝谏狄仁杰,以药物自比,狄仁杰也将他看作"药笼中物"。沈义伦参与灭蜀之役,不肯同流合污搜刮钱财,还朝时箱中唯有图书,遂以清节著称;柳下惠有温厚平和之风,能使鄙俗的人宽容,轻薄的人敦厚。

占风令尹①,辩日儿童②。敝履东郭③,粗服张融④。

【注释】

①占风令尹(yǐn):占风,用风进行占卜。古代有所谓风角之术,

以刮风的时间、方位、声音、大小来卜定吉凶人事。令尹,即关令尹,名喜。据说曾是负责把守函谷关的官员,世称关尹子。据《初学记》引《神仙传》,老子离开周地,西出函谷关,关令尹通过占卜风象,知道有神人将要来到这里,就扫道以迎见老子。老子见到关令尹,知道他命应得道,遂停留在关下,著书传授给他,并向他传授长生之道。

②辩日儿童:辩日,争论太阳的远近。据《列子·汤问》,孔子东游时,看到两个小孩子争论太阳的远近。一个孩子说:“太阳刚出来时看起来大,到中午时看起来小,所以我认为太阳刚出来时离人近,中午时离人远。”另一个孩子说:“太阳刚出来时天气凉爽,到中午时就变热了,所以我认为太阳刚出来时离人远,中午时离人近。”孔子一时竟然不能判断他们谁说得对。按,旧说,其中一个孩子就是“七岁为孔子师”的项橐。

③敝履(lǚ)东郭:敝履,破鞋子。东郭,即东郭先生,西汉方士。据《史记·滑稽列传》,汉武帝时,东郭先生以方士待诏于公车署,穷困潦倒。冬天出门,“行雪中,履有上无下,足尽践地”。他穿的鞋子有鞋面没有鞋底,路人笑话他,他自我解嘲道:“还有谁能走在雪上,在别人看来是穿着鞋,但踩出来的脚印又像光脚走路呢?”后来东郭先生以劝谏卫青之故,为武帝所看重,直接任命他为郡都尉(汉代各郡设都尉,作为郡太守的军事副手,秩比二千石)。

④粗服张融:粗服,粗陋的衣服,后以“粗服”或“粗服乱头”形容人不修仪表。张融,南朝官员。据《南齐书·张融传》,张融有才,行为不同流俗。齐高帝萧道成素来欣赏他,下诏赐给他衣服,说:“看到你穿的衣服粗陋,这虽是你一贯的作风,但衣着太过褴褛,也和你在朝中的地位不符。现在送一件旧衣服给你,此衣虽旧,却比新的还有价值。这是我曾穿过的衣服,已经让人按照你的身材重新裁剪过了,同时再送一双鞋给你。”

【译文】

关令尹通过占卜风象，知道老子将要经过函谷关，因而得道；孔子东游，见两个小孩辩论太阳远近，不能决其是非。西汉时，东郭先生待诏公车，穷得连完整的鞋子都穿不起，却一举升任郡都尉这样的高官；南齐初，张融衣着粗旧，不饰仪容，齐高帝萧道成特意赐给他一件自己穿过的旧衣，以示恩宠。

卢杞除患①，彭宠言功②。放歌渔者③，鼓枻诗翁④。

【注释】

①卢杞（qǐ）除患：卢杞（？—785），唐代大臣，曾做宰相。除患，除去祸害。据《新唐书·卢杞传》，唐德宗时，卢杞做虢州刺史，官府在当地养猪三千头，为民之患。卢杞上奏朝廷，德宗下诏指示把猪迁到同州的沙苑去。卢杞又上奏说："同州居民也是您的百姓，我觉得还是将猪杀掉食用最好。"德宗说："卢杞守虢州，能替其他州考虑，是宰相之材。"遂下令将猪赐给贫民，从此便有意用他做宰相。按，然而卢杞任宰相后，嫉妒贤能，陷害忠良。

②彭宠言功：彭宠（？—29），东汉初期渔阳太守，曾支持汉光武帝刘秀平定河北，立下大功，后反叛自立，被家奴杀死。言功，陈述功绩。据《后汉书·彭宠传》，刘秀巡行河北时，局势一度非常窘迫，彭宠发兵支援他，并输粮助军，前后不绝。刘秀加彭宠大将军号，封侯。但彭宠并不满意，叹息道："以我的功劳，应该封王。现在只是这个样子，莫非陛下忘了我吗？"后来彭宠与幽州牧朱浮不和，又怨刘秀不重用他，便起兵反叛。

③放歌渔者：放歌，尽情地大声唱歌。据《太平广记·畜兽十三·猿下》引《潇湘录》，楚江（即今长江中游的荆江河段）岸边住着一位渔人，他结茅而居，钓到鱼就拿去换酒，狂歌醉舞。有人问他：

"您这样做,是隐人之渔(指以渔遣兴)还是渔人之渔(指以此为生)?"渔人答道:"姜子牙、严子陵隐迹于渔钓,人人都说他们是隐士,殊不知他们钓的不是鱼,是名。渔人打鱼,在明月之下,浪静之时,除了自己吃饱之外,就拿去换酒,也不知道是隐人之渔,还是渔人之渔。"发问的人为之叹服。

④鼓枻(yì)诗翁:鼓,敲打。枻,船桨。诗翁,能作诗的老人。据《明一统志·长沙府·人物》引《夷坚志》,卓彦恭乘船过洞庭湖,夜间有小渔舟过其船侧,卓彦恭问渔夫是否打到了鱼,渔夫答道:"无鱼,有诗。"卓彦恭很高兴,又问道:"我想听您吟唱一首,可以吗?"于是渔夫敲着船桨高声吟道:"八十沧浪一老翁,芦花江上水连空。世间多少乘除事,良夜月明收钓筒。"卓彦恭想要邀他叙话,老渔夫已经摇着船走远了。

【译文】

卢杞做虢州刺史,为州民考虑,除去养猪之害,德宗因而有意用其为相;彭宠自负在光武帝平定河北过程中立有大功,心常怏怏,终至起兵反叛。唐代楚江边住着一位渔者,以打鱼自给,高兴了便放歌起舞;宋人卓彦恭过洞庭湖,夜里遇到一位以渔为业的老隐士,渔人敲着船桨,为卓彦恭吟唱了一首自己的诗。

韦文朱武①,阳孝尊忠②。倚闾贾母③,投阁扬雄④。

【注释】

①韦文朱武:韦文,韦逞(chěng)的母亲有文才。韦逞,前秦官员。据《晋书·列女传》,韦逞的母亲幼年时曾随父学习《周礼》。前秦君主苻坚到太学视察,博士卢壶向苻坚推荐韦母讲授《周礼》。苻坚下令选派一百二十名学生到她家中学习,并授予她"宣文君"的称号。朱武,朱序的母亲有武略。朱序,东晋名将。据《晋

书·朱序传》，朱序为东晋镇守襄阳，抵抗前秦的攻击，他的母亲认为城的西北角必然首先崩溃，就率领婢女及城中妇女在西北角内另筑一道新城。前秦军队攻城时，西北角果然崩塌，城中守军退守新筑城，前秦军队被迫撤退。

②阳孝尊忠：阳孝，王阳是孝子。王阳，即王吉（？—前48），西汉学者、官员。尊忠，王尊是忠臣。王尊，西汉后期官员。据《汉书·王尊传》，益州邛郏山有一段路名为九折阪，王阳做益州刺史时，到下属各郡巡视，经过九折阪，见路况艰险，感叹道："身体是父母留给我的，怎么能屡次登上险要之处呢？"就告病辞职了。后来王尊任益州刺史，也路过这里，问随行的官吏："这里不是王阳所畏惧的那条路吗？"官吏回答："正是。"王尊就催促车夫，说："继续前行！王阳是孝子，王尊是忠臣！"

③倚闾（lǘ）贾母：倚闾，靠在里巷的门上。闾，里巷的门。贾母，王孙贾的母亲。王孙贾，战国时齐人。据《战国策·齐策》，乐毅伐齐时，楚国派淖齿援齐，齐闵王遂以淖齿为相。后来淖齿发动叛乱，闵王出逃被杀。齐臣王孙贾与闵王失散，回到家中。他的母亲责备说："你早出晚归，我倚着家门等候你；你晚上出门不回来，我倚着巷门等候你（女朝出而晚来，则吾倚门而望；女暮出而不还，则吾倚闾而望）。你侍奉齐王，齐王出逃，不知道去了哪里，你还回家做什么？"王孙贾于是在市集上号召民众，说："淖齿乱七国，杀闵王，想要和我一起杀淖齿的，把右臂袒露出来！"很快就聚集了四百人，攻杀淖齿。因为这一事迹，王孙贾的母亲被视为忠君的典范。

④投阁扬雄：投阁，从阁楼上跳下来。扬雄（前53—18），西汉末文学家、学者。据《汉书·扬雄传》《汉书·王莽传》，扬雄在京师为郎，校书天禄阁，不近势利，好古乐道，自谓"爱清爱静，游神之廷；惟寂惟寞，守德之宅"。后来朝臣甄寻、刘棻等编造符命，因

触怒王莽被捕，口供连及数百人。扬雄因是刘棻的老师，也在拘捕之列。狱吏来时，扬雄恐惧，从天禄阁跳下来，几乎摔死。王莽知道此事后，说："扬雄素来不参与这些事情，怎么会涉及进来？"询问之后，知道扬雄只是教授刘棻古文字，并不知情，就赦免了他。但是京师还是流传顺口溜讽刺说："惟寂寞，自投阁；爰清静，作符命。"后世有人因此责难扬雄外表淡泊，内嗜利禄，甚至抨击他不忠于汉朝。

【译文】

韦逞之母通《周礼》，是女性有文才的代表，朱序之母懂得军事，是女性有武略的代表；同是经过九折阪，王阳首先想到对父母的孝，称病辞职，王尊想到的是对君主的忠，长驱而过。王孙贾的母亲用自己倚靠里门等候儿子归来的事例，激励儿子为君主尽忠；扬雄被编造符命、触怒王莽的学生刘棻牵连，将被拘捕，吓得从天禄阁上跳下，险些丧命。

梁姬值虎①，冯后当熊②。罗敷陌上③，通德宫中④。

【注释】

①梁姬（jī）值虎：梁姬，即南宋名将韩世忠的妻子梁氏。俗称梁红玉。南宋著名抗金英雄。韩世忠，南宋大将。值虎，遭遇猛虎。据《鹤林玉露》丙编，梁氏本是京口（今江苏镇江）营妓，某月初一早晨到官府侍奉，看到廊下有一头猛虎伏在地上睡觉，再看时，猛虎原来是一位士兵，此人就是韩世忠。梁氏看出韩世忠的不凡，决定嫁给他。在抗金战争中，梁氏辅助韩世忠屡立战功，先后被封为安国大人、护国大人。

②冯后当熊：冯后，即汉元帝的妃子冯婕妤，她的儿子被封为中山王，她也被尊为中山太后，所以称为"冯后"。据《汉书·外戚传》，汉元帝带着妃子去看斗兽，一头熊突然从牢笼中跑了出来，

宠妃们都吓得逃跑,只有冯婕妤挡在元帝身前,与熊正面相对。侍从将熊杀死后,元帝问冯婕妤:"大家都很害怕,你怎么反而挡在我前面呢?"冯婕妤说:"猛兽捕捉到人,就会停止向前,我怕熊伤害到你,所以挡在前面。"从此,元帝对冯婕妤格外敬重。

③罗敷(fū)陌(mò)上:罗敷,汉代乐府诗中的女性人物,美丽而聪慧。陌上,田间小路上。汉乐府有《陌上桑》,描绘罗敷采桑、过路官员想要占有罗敷、罗敷出言拒绝等情节。在诗中,罗敷巧妙而坚定地拒绝了官员的引诱,由此成为我国古代坚贞女性的代表。

④通德宫中:通德,即樊通德,据说是汉成帝时赵皇后(即赵飞燕)的远亲,熟知赵皇后与其妹赵昭仪(即赵合德)的生平经历。据《飞燕外传》,其作者伶玄买樊通德为妾,樊通德有才貌,能讲述赵飞燕姐妹的故事,并建议伶玄把这些故事记下来,《飞燕外传》就是根据樊通德讲的故事写成的。按,《飞燕外传》的实际成书时间并非西汉末期,樊通德只是一个虚构人物,其书的内容不可尽信。

【译文】

韩世忠的妻子梁氏本为京口营妓,看到韩世忠有虎相就嫁给他,后来辅助韩世忠屡立战功,卒至显贵;冯婕妤陪汉元帝看斗兽,熊逃出牢笼,冯婕妤挡在汉元帝身前保护他。汉乐府民歌《陌上桑》通过描述女主人公罗敷在陌上采桑、拒绝官员引诱的故事,歌颂了她坚贞聪慧的道德情操;《飞燕外传》假托樊通德向丈夫伶玄讲述宫中故事,描述了赵飞燕姐妹的生活经历。

二冬

汉称七制①,唐羡三宗②。呆卿断舌③,高祖伤胸④。

【注释】

①汉称七制:七制,七位有出色事迹的君王。据《文中子》卷一《王

道篇》，隋代大儒王通对弟子说："像七制之主那样，是可以用兵征战的。"注云："《续书》有'七制'，皆汉之贤君，立文武之功业者，高祖、孝文、孝武、孝宣、光武、孝明、孝章是也。"据此，"七制"指的就是西汉的高祖、文帝、武帝、宣帝，以及东汉的光武帝、明帝、章帝这七位皇帝。《续书》是王通拟《尚书》而作的典籍，唐代已佚，故不知"七制"之义何在。朱熹说："此必因其《续书》中曾采七君事迹以为书，而名之曰'七制'。"认为王通取上述七帝事迹合为一篇，谓之"七制"，可供参考。

② 唐羡三宗：三宗，三位以"宗"为庙号的君王。据《史记·殷本纪》，殷人以太甲为太宗，太戊为中宗，武丁为高宗，后人遂将此三位君王合称为殷之三宗。就唐朝皇帝而言，唐太宗有创业之功，又有贞观之治的政绩；唐玄宗执政时，唐朝进入极盛期，史称开元盛世；唐宪宗削除藩镇，重振朝纲，时人谓之元和中兴，故后人也将这三位皇帝合称为"三宗"。考宋人王十朋《梅溪集》，已见"汉七制、唐三宗"之说，可见其说起源不晚于南宋。

③ 杲（gǎo）卿断舌：杲卿，即颜杲卿（692—756），唐代官员。据《新唐书·忠义传中》，颜杲卿在安史之乱时，任常山（今河北正定）太守，与堂弟平原（今山东德州）太守颜真卿共同起兵抗击安禄山，一度引发河北十五郡积极响应，起来反抗安禄山，但最终还是被安史叛军打败。常山郡陷落后，颜杲卿被叛军俘虏，肢解处死。受刑过程中，颜杲卿骂声不绝，叛军割断他的舌头，颜杲卿仍含糊诟骂，直到死去。

④ 高祖伤胸：高祖，即汉高祖刘邦。据《史记·高祖本纪》，楚汉战争时期，刘邦与项羽在广武鸿沟相持，项羽向刘邦挑战，刘邦不但拒绝，还历数项羽的十项大罪。项羽大怒，命弩手暗发一箭，射中刘邦的胸口。刘邦虽然胸口受伤，但为安抚军心，故意按着自己的脚说："贼人射中了我的脚趾！"此时刘邦受伤很重，但在张良的

劝说下，还是强行起床，巡视军营，没有给楚军乘胜打击的机会。

【译文】

汉朝有七位杰出的皇帝，被合称为"七制"；唐朝的太宗、玄宗、宪宗都是名君，被合称为"三宗"。颜杲卿抵抗安史叛军，宁死不屈，被割舌处死；汉高祖被项羽伏弩射中胸口，为安定军心，只宣称自己被射中了脚趾。

魏公切直①，师德宽容②。祢衡一鹗③，路斯九龙④。

【注释】

①魏公切直：魏公，即韩琦（1008—1075），北宋大臣，曾任宰相。封爵魏国公，所以称"魏公"，为官以率直著称。据《宋史·韩琦传》，韩琦中进士后，曾任右司谏，在任三年期间，以"明得失、正纪纲、亲忠直、远邪佞"为急务，向宋仁宗上疏七十余次。他曾弹劾宰相王随、陈尧佐及参知政事韩亿、石中立庸碌无能，导致四人同日罢职出外，时称"片纸落去四宰执"，由此名声大振。名相王曾称赞韩琦道："今言者不激，则多畏顾，何补上德？如君言，可谓切而不迂矣。"

②师德宽容：师德，即娄师德（630—699），唐朝大臣，武则天执政时期曾任宰相。据《新唐书·娄师德传》，娄师德深沉有度量，有人对他恶言相向，他常以逊谢的方式避免激化矛盾。同为重臣的狄仁杰很不喜欢娄师德，经常排挤他。武则天问狄仁杰："你觉得娄师德有知人之明吗？"狄仁杰回答："我曾与娄师德做过同僚，并不觉得他善于知人。"武则天说："我任用你，就是娄师德推荐的，从这一点说，他确实知人啊。"就将娄师德的奏章拿给狄仁杰看。狄仁杰感叹道："娄公涵养真是高啊。我被他所宽容，竟然还毫不觉察，我不如他太多了。"

③祢（mí）衡一鹗（è）：祢衡，东汉末年士人，为人狂放。曾数次触忤
曹操，后世将其故事演绎为"击鼓骂曹"。后投奔荆州牧刘表，又
投江夏太守黄祖，皆不得志，最终为黄祖所杀。鹗，鸟名。性凶猛。
俗称鱼鹰。据《后汉书·文苑列传》，曹操迎汉献帝都许之后，祢衡
到许都游历，与孔融、杨修交好。孔融深重其才，故上疏向朝廷推
荐祢衡，说："一百只鸷加在一起，也不如一只鹗。如果祢衡能在朝
任职，所作所为必有可观之处。"鸷，古代所说的一种猛禽，为鹰类。
鹗比鸷的体形更大，也更凶猛，故孔融说一百只鸷也不如一只鹗。

④路斯九龙：路斯，即张路斯，唐初人。据《集古录·张龙公碑》记
载，张路斯罢官回到故乡颍上（今安徽颍上）后，常常晚上出门，
第二天凌晨回家，回来以后浑身湿冷。夫人问他为何如此，他
说："我是龙的化身，蓼县（今河南固始）的郑祥远也是龙的化身。
他占了我的水池，我屡次与他交战不胜。明天就是决战了，可让
儿子带着弓箭去射他。两条龙中，鬣上系着青绡的是郑祥远，系
着红绡的是我。"第二天，张路斯的儿子果然射中系着青绡的龙，
郑祥远飞到合肥西山，落地死掉了。后来张路斯的九个儿子也
都变成了龙。

【译文】

韩琦做谏官，以上疏恳切率直闻名；娄师德为人宽厚深沉，能容忍
他人的冒犯。祢衡有才能，孔融推荐他，将他比作凶猛能搏击的鹗；张
路斯的九个儿子助他打败对手，后来都化身为龙。

纯仁助麦①，丁固梦松②。韩琦芍药③，李固芙蓉④。

【注释】

①纯仁助麦：纯仁，即范纯仁（1027—1101），北宋大臣，范仲淹之
子，曾任宰相。助麦，以麦子资助人。据《冷斋夜话》，范仲淹知

应天府时,命范纯仁回苏州老家运五百斛麦子来。范纯仁此时还很年轻,到苏州装载了麦子回程,走到丹阳的时候,恰遇父亲的好友石延年。范纯仁问石延年来这里多久了,听他说因为没有钱办丧事,在丹阳已滞留了两个月,就将所运的麦子连船都送给他作为资助,自己单人独骑返回家中。

②丁固梦松:丁固,三国时孙吴政权的大臣。据《三国志·吴书·三嗣主传》裴注引《吴书》,丁固做尚书的时候,曾梦见肚子上长了一棵松树,醒来以后对人说:"'松'字可以拆成'十八公',十八年后,大概我能做到三公吧?"到吴末帝孙皓时,丁固果然官至司徒,与梦兆相符。

③韩琦(qí)芍药:芍药,花名。由于花形大而富丽,被称为"花相(花中的宰相)"。据《补笔谈》,宋仁宗时,韩琦以资政殿学士知扬州,后园芍药一枝开四花,花形都是上下为红色花瓣,中间一圈黄色花蕊,名为"金带围"。当时传说,见此花,则城中出宰相。韩琦得知后,欲举行一次四人参加的小规模酒宴,以应其兆。当时,王珪任扬州通判,王安石任签判,俱得与会,尚缺一人,以恰好经过的陈升之充其数。此后三十年间,四人都官至宰相。

④李固芙蓉:李固,即李固言(782—860),唐代大臣,曾任宰相。据《酉阳杂俎》,李固言年轻时应举不第,游历蜀中。有一老妇对他说:"你明年'芙蓉镜下及第',二纪(古人以十二年为一纪)以后拜相,'当镇蜀土'。我看不到你做大将的那天了,只希望你将来照顾我的小女儿。"第二年,李固言果然中了状元,考题中有"人镜芙蓉"的字样。二十年后,李固言做了宰相,老妇又来见他,见面后说:"出将入相定了。"后来李固言果然出镇蜀地,做了剑南西川节度使,对老妇的女儿颇加优待。

【译文】

范纯仁以麦子资助石延年,不惜倾尽所有;丁固梦见肚子上长出松树,拆"松"字为"十八公",后来果然官至宰相。韩琦召集王珪、王安石、陈升之赏异种芍药花,后来四人三十年内都做到宰相,应了"金带围"之兆;李固言被蜀中老妇预言"芙蓉镜下及第",第二年果然以试"人镜芙蓉"之题得中状元。

乐羊七载①,方朔三冬②。郊祁并第③,谭尚相攻④。

【注释】

①乐羊七载(zǎi):乐羊,即乐羊子,东汉人。据《后汉书·列女传》,乐羊子出门求学,一年就回来了。在当时,跟着老师学习,往往要持续多年,因此妻子恭敬地问他何故早归。乐羊子回答:"想念家里,所以就回来了,没有其他缘故。"其妻听了后,拿起刀走到织布机前,说:"这布自一丝累积到一寸,再长到一丈、一匹,现在如果割断,就前功尽弃了。学到一半就放弃,跟织到一半割断布有什么区别呢?"乐羊子闻言感悟,就回去继续学习,七年没有再回家。

②方朔三冬:方朔,即东方朔,西汉辞赋家。三冬,三个冬天,后人以之代指三年。据《汉书·东方朔传》,汉武帝即位后,招引天下"文学材力之士",东方朔自故乡来到长安,上书武帝说:"臣朔少失父母,长养兄嫂。年十三学书,三冬文史足用。十五学击剑。十六学诗书,诵二十二万言。"如淳注:"贫子冬日乃得学书,言文史之事足可用也。"后来人们就用"三冬学"咏读书。并说:"凡臣朔固已诵四十四万言……臣朔年二十二,长九尺三寸,目若悬珠,齿若编贝,勇若孟贲,捷若庆忌,廉若鲍叔,信若尾生。若此,可以为天子大臣矣。"

③郊祁(qí)并第:郊,即宋郊(996—1066),后改名宋庠(xiáng),北宋大臣,曾任宰相。祁,即宋祁(998—1061),宋郊之弟,北宋大

臣、文学家。并第，同时中科举。据《宋史·宋祁传》，宋郊、宋祁同举宋仁宗天圣二年（1024）进士，宋祁第一，宋郊第三。当时主政的刘太后认为弟弟不应该排在兄长之前，故改宋郊为第一，宋祁为第十。当时合称宋郊、宋祁为"二宋"，又称宋郊为"大宋"，宋祁为"小宋"。

④谭尚相攻：谭，即袁谭（？—205），东汉末年割据河北的军阀，袁绍之子。尚，即袁尚（？—207），袁谭之弟。据《三国志·魏书·袁绍传》，袁绍平素喜爱袁尚，让长子袁谭出镇外地。袁绍死后，部下审配、逢纪与辛评、郭图争权，审配、逢纪按照袁绍生前的意愿拥立袁尚为继承人，而辛评、郭图依附袁谭。袁谭心怀愤恨，与袁尚失和，始则各据一方，勾心斗角，终至关系破裂，互相攻击。袁谭、袁尚势分力弱，给了曹操介入的机会，被曹操先后消灭。

【译文】

乐羊子被妻子激励，外出求学七年不归；东方朔十三岁学习文字，用了三年时间，学会的字已足以阅读文史典籍。宋郊、宋祁兄弟同中进士，后来都成为北宋的大臣；袁谭、袁尚兄弟争权夺利，最终都被曹操翦除。

陶违雾豹①，韩比云龙②。洗儿妃子③，校士昭容④。

【注释】

①陶违雾豹：陶，指陶答子，战国时齐国的陶邑大夫。雾豹，雾中的豹子。据《列女传·贤明传》，答子在陶邑做官三年，名声不增，家产却增加了三倍，妻子哭着劝谏，答子毫不听从。过了五年，答子回乡休养，随行的车子有百辆之多，族人摆下盛宴来庆贺，其妻却抱着儿子哭泣。婆婆责问她，她回答道："我听说南山有黑豹，遇到雾雨天气，七天不下山觅食，为的是使皮毛产生光泽和纹理，所以能够藏身远害；狗和猪见什么吃什么，很快长肥了，

就只能等死。答子治理陶邑,家富而国贫,君王不敬重他,百姓不爱戴他,这是败亡的征兆。我希望和小儿子一起,能够免于获罪(指要与答子断绝关系)。"婆婆听了很生气,就把她休弃了。一年之后,答子的家族果然因为他的贪污行径被诛灭,只有答子的母亲因为年老幸免。这时,答子的前妻带着幼子回来,照料婆婆,使她得终天年。

②韩比云龙:韩,即韩愈(768—824),唐代思想家、文学家。云龙,云中之龙。《周易·乾卦·文言》云:"同声相应,同气相求;水流湿,火就燥,云从龙,风从虎。"后遂以"风虎云龙"指同类事物相互感应,旧时也比喻君臣遇合。韩愈与同时的著名诗人孟郊(字东野)是好友,他赠给孟郊的《醉留东野》诗中,有"吾愿身为云,东野变为龙。四方上下逐东野,虽有离别无由逢"的句子,用来表达自己对孟郊眷恋不舍的感情。

③洗儿妃子:洗儿,我国传统习俗,婴儿出生后三日,父母替其洗身,称"洗儿",富家且以宴乐等形式作为庆祝。妃子,这里指杨贵妃(719—756)。据《安禄山事迹》,唐玄宗天宝十载(751),唐玄宗、杨贵妃为范阳平卢节度使安禄山庆贺生日,生日后三天,召安禄山入宫,贵妃以绣绷子包裹安禄山,命宫人以彩轿抬着他,欢声动地。唐玄宗听到后宫喧闹,派人询问,左右答以贵妃三日洗儿,唐玄宗遂赐给贵妃金银钱,作为"洗儿"之赏。《资治通鉴》卷二百一十六《唐纪·玄宗下之上》所记略同。

④校士昭(zhāo)容:校士,考评士人,引申为评价士人所作的诗文。昭容,古代妃嫔等级之一,始于南朝刘宋时期,最终废止于元代。这里指唐中宗时期的昭容上官婉儿(664—710)。据《新唐书·上官昭容传》,上官婉儿在中宗朝以昭容典诏书,劝唐中宗增大文馆规模,引大臣、名儒充任学士,中宗举行宴会时,经常以上官婉儿代中宗、韦皇后及长宁、安乐二公主赋诗,又命她评

判其他与会者所作诗句,选出其中的佳作,赐以金爵,于是朝廷中形成了崇尚诗文的风气。据说当时所作的诗虽然文辞浮靡,但都有可观之处,这是上官婉儿的功劳。

【译文】

陶答子不能像黑豹一样藏身远害,遂使家族遭到诛戮;韩愈与孟郊为挚友,故在送给孟郊的诗里自比为云,比孟郊为龙,以此表示自己对孟郊的不舍。杨贵妃在宫中为安禄山举办"洗儿"活动,规模盛大;上官婉儿奉敕评判官员的诗作,引领一代文风。

彩鸾书《韵》①,琴操参宗②。

【注释】

①彩鸾(luán)书《韵》:彩鸾,即吴彩鸾,传说中的女仙。书《韵》,书写《唐韵》。《唐韵》为古代的"韵书",将汉字按韵母分部收录,并附释义,以便写作诗文时检索。据裴铏《传奇·文箫》,唐文宗太和末年,书生文箫游历钟陵(今江西南昌),在西山游帷观的庙会上偶遇仙子吴彩鸾,结成夫妻。婚后,文箫家贫,不能自赡,吴彩鸾用一天时间抄写《唐韵》一部,到市上卖五贯钱,维持家计。钱快用完了,再写一部,又卖钱五贯,周而复始。十年之后,吴彩鸾的特异渐为人所知,夫妻二人就搬到新吴县(今江西奉新)越王山下居住,后骑虎入山,成仙而去。今故宫博物院所藏唐写本《刊谬补缺切韵》,旧传为吴彩鸾所书。

②琴操参宗:琴操,北宋杭州歌妓。参宗,参问佛教哲理。据《能改斋漫录》,苏轼知杭州时,曾携琴操游西湖,对琴操说:"我作长老,尔试来问。"琴操问:"何谓湖中景?"苏轼答:"秋水共长天一色,落霞与孤鹜齐飞。"又问:"何谓景中人?"答:"裙拖六幅潇湘水,鬓軃巫山一段云。"再问:"何谓人中意?"答:"惜他杨学士,憋

杀鲍参军。"琴操最后问:"如此究竟如何?"苏轼答道:"门前冷落车马稀,老大嫁作商人妇。"琴操受到触动,恍然大悟,便削发出家了。

【译文】

女仙吴彩鸾与书生文箫结婚后,以抄写《唐韵》自给;歌妓琴操与苏东坡作参禅游戏,被"门前冷落车马稀"之语触动,遂出家为尼。

三江

古帝凤阁①,刺史鸡窗②。亡秦胡亥③,兴汉刘邦④。

【注释】

①古帝凤阁:古帝,上古的帝王,这里指传说中的黄帝。凤阁,有凤凰在阁上筑巢,古人将其视为祥瑞之兆。据《文选》卷二十九《古诗十九首·西北有高楼》李善注引《尚书中候》,黄帝在位时,凤凰在阿阁上筑巢。阿阁,四面有房檐的阁楼。据古典文献如《逸周书》《周礼·考工记》等的解说,上古时期的重要建筑如明堂、宗庙、路寝(正殿)等,都是四面有檐,以便将房顶的积水排到地下。

②刺史鸡窗:刺史,古代官名。早期是朝廷派到地方郡县的监察官员,后期转变为地方长官。这里指晋代曾任兖州刺史的宋处宗。鸡窗,有鸡栖息在窗前。据《幽明录》,晋兖州刺史宋处宗曾蓄养一只长鸣鸡,非常喜爱,甚至将其养在窗前。后来此鸡忽然开口说话,能与宋处宗谈玄论易,且颇有见解,宋处宗因此学问大进。

③亡秦胡亥(hài):胡亥,即秦二世,秦朝第二代皇帝,秦始皇之子。据《史记·秦本纪》,秦始皇三十二年(前215),燕人卢生入海求仙回来,向秦始皇奏上图谶,说:"亡秦者胡也。"始皇认为"胡"是指匈奴(当时称匈奴为"胡人"),就派将领蒙恬率军三十万攻打匈奴,取河南地(今河套地区)。然而秦始皇去世后,其子胡亥

即位,十分暴虐,引发了秦末的大规模起义,自己也被丞相赵高杀死,后人因此就说谶语中的"胡"是指胡亥了。

④兴汉刘邦:刘邦,即汉高祖。据《史记·高祖本纪》,汉高祖刘邦在秦末自沛县起兵,参与秦末农民起义,灭秦后受封巴、蜀、汉中之地,都南郑(今陕西汉中),称为汉王。其后,又用四年时间消灭了西楚霸王项羽的势力,建立汉朝。

【译文】

黄帝在位时,有凤凰在阁上筑巢;宋处宗将长鸣鸡养在窗前,后来鸡开口说话,与主人谈论玄学。秦始皇将"亡秦者胡也"理解为"胡人",不想却是其子胡亥;汉高祖刘邦起兵,灭秦朝,败项羽,建立汉朝。

戴生独步①,许子无双②。柳眠汉苑③,枫落吴江④。

【注释】

①戴生独步:戴生,指戴良,东汉隐士。独步,独一无二,远远超出其他人。据《后汉书·逸民列传》,戴良学识深厚,而好为奇谈怪论,一般人听到,常有惊世骇俗之感。同乡谢季孝问他:"你觉得天下谁能和你相比?"戴良说:"我就像孔子生在东边的鲁国,大禹出身于西边的羌地,独步天下,谁与为偶?"

②许子无双:许子,即许慎,东汉学者。无双,没有人能与之相比。据《后汉书·儒林列传》,许慎博涉经籍,当时的大学者马融经常推崇他的学问。当时人称赞他说:"五经无双许叔重。"意谓在讲说五经方面,没有人能与许慎相比。

③柳眠汉苑:汉苑,汉朝的宫苑。据《三辅旧事》,西汉的宫苑中长着一棵柳树,因形状近似人形,故被称为"人柳"。传说这棵柳树每天三次卧倒,三次立起,就像人睡觉和醒来的样子,故有"三眠三立"之说。

④枫落吴江:吴江,吴地的江水。据《唐才子传》,初唐诗人崔信明
　　与郑世翼在江上相见,郑世翼说道:"听说您有'枫落吴江冷'的
　　佳句,希望能看看其他的诗篇。"崔信明很高兴,就把诗稿拿给郑
　　世翼看。郑世翼没等到看完,就说:"所见不逮所闻(看到的还不
　　如听说的好)。"说着,将崔信明的诗稿扔进江里,开船走了。

【译文】

戴良以"独步天下"自居,许慎以"五经无双"名世。西汉宫苑中
的柳树其形似人,每天三眠三起;崔信明以"枫落吴江冷"的诗句得名,却
受到郑世翼羞辱。

鱼山警植①,鹿门隐庞②。浩从床匿③,崧避杖撞④。

【注释】

①鱼山警植:鱼山,山名。在今山东东阿。警,警醒。植,即曹植
　　(192—232),曹操之子。汉末三国时期文学家,曹丕代汉后受封
　　为东阿王。据《高僧传·经师第九》,佛教经文本来是可以配曲
　　唱诵的,但传入我国之后,由于中文与梵文差异很大,用汉曲唱
　　梵文,或用梵音唱汉语,都不相宜,所以很长一段时间内只有人
　　译经,没有人传授音律。直到曹植受封东阿,偶登鱼山,听到空
　　中有诵经的声音,遂仿照听到的声音,删节《太子瑞应本起》等佛
　　本生故事,创制了《太子颂》等。自此,才有汉传的佛教音乐。
②鹿门隐庞:鹿门,山名。在今湖北襄阳。庞,即庞公,东汉名士。
　　据《后汉书·逸民列传》,庞公隐居在岘山以南,从来不到城里
　　去。荆州刺史刘表多次请他出山,都不成功,就亲自到他家去拜
　　访。刘表说:"您为了保全一身不做官,何如出来做官保全天下
　　呢?"庞公回答:"鸿鹄在高树上栖息,鼋鼍在深渊里穴居,得失进
　　止,对人来说,就像是巢穴一样。我只盼有个落脚的地方,天下

不是我能保全的。"刘表又说："您难道不考虑给子孙留下些什么吗?"庞公答道："世人留给子孙的是危险,唯独我传给他们的是安全。虽然遗留的东西不同,不能说我没留给他们什么。"刘表见庞公心志坚定,叹息而去。后来庞公带着妻儿一起进入鹿门山采药,再也没有出山。

③浩从床匿(nì):浩,即孟浩然(689—740),唐代诗人。床,这里指的不是今天用于睡卧的床,而是古代一种可坐可卧、以坐为主的家具,即传统家具中的"榻"。匿,躲避。据《新唐书·文艺传》,孟浩然游历京师时,与张九龄、王维交谊深厚。王维私自邀他到内署(指设置在宫禁之内的官署)做客,唐玄宗凑巧到来,孟浩然害怕触犯皇帝,就躲在床下。王维如实告诉玄宗,玄宗高兴地说："我听说过此人,但没见过,何必因为害怕我而躲起来呢?"于是下诏让孟浩然出来,又命他吟诵自己的诗作。孟浩然吟到"不才明主弃,多病故人疏"时,玄宗不悦,道："你不求仕进,不是我放弃你,为什么诬蔑我?"于是下旨放孟浩然还乡。按,孟浩然应举并游历长安,时在开元十六年、十七年间(728—729),与王维结交也在此时,但王维当时并未任官;孟浩然因科场不利,离京返回家乡襄州(今湖北襄阳),也非由玄宗下旨放还。《新唐书·文艺传》之说不可信。

④崧(sōng)避杖撞:崧,即药崧,东汉官员。撞,打。据《后汉书·钟离意传》,汉明帝性情褊狭苛察,又好以苛细烦琐之事显示精明,因此公卿大臣多遭诋毁,近臣、尚书等甚至遭到责打。尚书郎药崧一度不合明帝的心意,明帝就自己拿杖打他。药崧躲避杖责,逃到床下,明帝更加生气,在外大喊："郎出!郎出!"药崧在床下说："天子穆穆,诸侯煌煌。未闻人君,自起撞郎。(天子端庄恭敬,诸侯严肃堂皇。没听说过做君王的,自己杖责尚书郎。)"明帝闻言便赦免了他。后来药崧官至南阳太守。

【译文】

曹植在鱼山听到诵经声,创制了汉传佛教的音乐;庞公不受刘表的辟举聘请,携家入鹿门山隐居。孟浩然拜访王维,恰逢唐玄宗到来,遂在床下躲避,被召出吟诗,又因诗句触犯玄宗被放还;药崧逃避汉明帝的杖责,也躲到床下,因对答得体,获得赦免。

刘诗瓿覆①,韩文鼎扛②。愿归盘谷③,杨忆石淙④。

【注释】

①刘诗瓿(bù)覆:刘诗,刘基(1311—1375)的诗。瓿覆,即"覆瓿"。瓿,小瓮。"覆瓿"一词来自西汉末期两位大学者刘歆与扬雄的谈话。扬雄仿照《周易》著《太玄》,刘歆对他说:"现在的学者有着利禄的引诱(指汉代通晓经义可以做官),还不能精通《周易》,更不要说《太玄》了。我怕后人把《太玄》拿去盖在酱瓮上啊。"后人以"覆瓿"指文章价值不高,有时作者也用这个词表示自谦。刘基是明代的开国功臣,也是元末明初著名的诗人。他的诗作结集为《覆瓿集》。

②韩文鼎扛(gāng):韩文,韩愈的文章。鼎,古代炊具,用于煮食物。扛,以两手举起东西。韩愈的诗文雄健豪放,才华横溢,所以后人说他笔力可以扛鼎。"扛鼎"即举鼎,古代的鼎多是青铜铸造的巨大器物,举起来需要非常大的力气。

③愿归盘谷:愿,即李愿,唐德宗时隐士。盘谷,地名。在今河南济源县北二十里,太行山南。李愿隐居盘谷,韩愈作《送李愿归盘谷序》赠给他,称许他不愿为求贵显降志辱身的品格,倾吐自己对当时卑下士风的蔑视与不满。按,唐德宗时有两个李愿,一为大将李晟之子,曾历任多处藩镇的节度使,有能名,晚年奢侈,不理政事,名声因之大坏;一为处士李愿,与韩愈、卢仝为友,即韩

愈作序以送者。前人往往以此处士李愿为李晟之子李愿，误。

④杨忆石淙（cóng）：杨，即杨一清（1454—1530），明代大臣，曾任大
学士。石淙，石上水流，亦指石上流水声，这里借用水名。在今
云南安宁市，以"水流石间，作淙淙声"得名，安宁十景有"石淙流
韵"。杨一清祖父居于石淙，杨一清出仕后，遂以"石淙"为别号，
晚年退居镇江，又把住所命名为"石淙精舍"，以示对家乡的
怀念。

【译文】

明朝开国功臣刘基的诗集取名为《覆瓿集》；韩愈的诗文笔力雄健，
被称为有扛鼎之力。李愿到盘谷隐居，韩愈作《送李愿归盘谷序》赠他；
杨一清晚年以"石淙精舍"命名住处，以表思乡之情。

　　弩名克敌①，城筑受降②。韦曲杜曲③，梦窗草窗④。

【注释】

①弩（nǔ）名克敌：弩，一种利用机械力量射击的古代兵器。据《挥
麈三录》，南宋初年，韩世忠仿照神臂弓（北宋时期发明的一种脚
蹬弩）的图样，改进制造了一种新型武器，献给朝廷，宋高宗赐名
为"克敌弓"。从文献记载看，克敌弓仍是借助脚蹬发力的弩，与
借助臂力拉开的弓不同，故云"弩名克敌"。

②城筑受降：受降，即受降城，古代边疆的要塞名。我国历史上曾
两次在边疆筑"受降城"。据《汉书·武帝纪》，汉武帝太初元年
（前104），因杅将军公孙敖筑塞外受降城（内蒙古乌拉特中旗东
阴山北）。据《史记·匈奴列传》，筑城的原因是匈奴的左大都尉
欲杀单于降汉，但又以地远无援为疑，故汉武帝命筑受降城以接
应他。又据《旧唐书·张仁愿传》，唐中宗时，张仁愿在黄河以北
筑东、中、西三座受降城，以防突厥南侵。据现代研究成果，东受

降城在今内蒙古托克托县南,中受降城在今内蒙古包头市,西受降城在今内蒙古巴彦淖尔市。

③韦曲杜曲:韦曲、杜曲,都是唐代长安（今陕西西安）地名。韦姓和杜姓都是唐代首都长安当地的大族,时有"城南韦杜,去天尺五"的俗语,以见其显赫。韦家聚居在长安城南、皇子陂西,世称该地为"韦曲"。韦曲以东五里,是杜家的聚居地,世人称为"杜曲"。今天西安还有以这两个地方命名的镇。

④梦窗草窗:梦窗、草窗,都是南宋晚期文人的别号。南宋晚期词人吴文英别号"梦窗",词集名为《梦窗词》;同时著名的文人周密别号"草窗",所作词结集为《草窗词》。

【译文】

宋朝韩世忠在神臂弓的基础上,创制了一种名为"克敌"的新型弓弩;汉朝公孙敖、唐朝张仁愿为边防需要,分别在今内蒙古境内建筑了受降城。唐代长安有韦曲、杜曲两个地名;南宋晚期有吴文英（号梦窗）、周密（号草窗）两位著名文人。

灵征刍狗①,诗祸花龙②。嘉贞丝幔③,鲁直彩缸④。

【注释】

①灵征刍（chú）狗:灵征,灵验的梦。刍狗,用草编成的狗,古代用作祭祀用具。据《三国志·魏书·方技传》,曹魏时人周宣占卜灵验,有人问他:"我梦见刍狗,这是什么征兆?"周宣回答:"您会吃到美食。"此人果遇盛宴。后又问周宣:"我又梦见刍狗,是什么征兆?"周宣说:"您会从车上掉下来摔断腿,一定要小心。"不久果然摔伤。再后来,他又对周宣说:"我又梦见刍狗了。"周宣答道:"您家要发生火灾,仔细守护吧。"很快就起火了。此人问周宣:"实际我三次都没做梦,只是试试您是否灵验,为何都实现

了呢？"周宣说："这是神灵触动您说出来的，跟真正做梦没有区别。"此人又问："就算我三次真的梦到刍狗，预兆却各有不同，这是为什么？"周宣说："刍狗是祭神之物，所以您第一次梦到它，就预示会得到饮食。祭祀之后，刍狗扔在路上被车轮轧，所以您第二次梦到，是坠车摔断腿的预兆。被轧过之后，刍狗会被拿去当柴烧，所以您第三次梦到，就表示家里要着火了。"

②诗祸花尨（máng）：诗祸，因为诗引发的灾难。花尨，花边的狗。尨，即狗。据清代钱谦益在《列朝诗集》高启《宫女图》一诗后的题跋，明初诗人高启（1336—1374）在一幅宫女图上题诗："女奴扶醉踏苍苔，明月西园侍宴回。小犬隔花空吠影，夜深宫禁有谁来？"高启似乎暗示宫女与外人有私情，触怒明太祖，埋下后来被杀的祸根，故称"诗祸"。"花尨"即代指"小犬隔花空吠影"的诗句。

③嘉贞丝幔（màn）：嘉贞，即张嘉贞（665—729），唐玄宗时的大臣，官至宰相。幔，张在屋内的帷幕。据《开元天宝遗事》，唐代宰相张嘉贞想招郭元振做女婿，但又不能决定把哪个女儿嫁给他，就让五个女儿躲在幔帐后，每人手上拿一根丝线，让郭元振牵丝决定。郭元振挑选了一根红丝，丝的另一头是张嘉贞的第三个女儿，非常美貌，后来果然夫荣妻贵。按，郭元振（656—713），名震，字元振，以字行，是唐睿宗时的宰相，年辈、入仕、拜相、去世均在张嘉贞之前，显非张嘉贞之婿。《开元天宝遗事》为五代时人王仁裕搜集整理传闻而成，其时距唐玄宗开元、天宝年间已有百余年之久，容有错误。

④鲁直彩缸：鲁直，即黄庭坚（1045—1105），宋代文学家、书法家、官员。彩缸，用彩绸作为装饰的缸。苏轼作诗送杨孟容，自谓"效黄鲁直体"。黄庭坚以为不敢当，遂作诗以谢，题为《子瞻诗句妙一世，乃云效庭坚体，盖退之戏效孟郊、樊宗师之比，以文滑

稽耳。恐后生不解，故次韵道之（子瞻送杨孟容诗云："我家峨眉阴，与子同一邦。"即此韵）》，诗末结句为："小儿未可知，客或许敦庞。诚堪婿阿巽，买红缠酒缸。"意为："我的儿子将来怎么样还未可知，不过倒是有客人说他敦厚淳朴。如果真有资格做你家阿巽丈夫的话，我就去买红绸子把酒缸缠上做聘礼。"阿巽是苏轼孙女的小名。按，黄庭坚全诗主旨皆表示自己的诗才不足与苏轼媲美，唯结尾忽然宕开一笔，谈儿女婚事，而阿巽后来也并未嫁到黄家，据此，则黄诗似属诙谐之语。现代研究者认为，黄庭坚为"苏门四学士"之一，此或是以假设己子与苏轼孙女结为伉俪，表示自居晚辈，不敢与苏轼分庭抗礼，并非真的求亲。

【译文】

周宣给人占梦，三次都以梦到刍狗为辞，周宣解释各有不同，但都很灵验；高启题宫女图，作"小犬隔花空吠影，夜深宫禁有谁来"之句，招致杀身之祸。张嘉贞让女儿隐身幔帐之后，各持一丝，命郭元振牵丝定姻；黄庭坚写诗赠给苏轼，有"诚堪婿阿巽，买红缠酒缸"的句子，表达以晚辈后学自居之意。

四支

王良策马①，傅说骑箕②。伏羲画卦③，宣父删诗④。

【注释】

①王良策马：王良，春秋时人，是驾车的能手。古人又以他命名星辰。策马，用鞭子赶马。据《史记·天官书》，我国古代的天文学家把营室星区（即室宿，我国古代天文学上的二十八宿之一，在飞马座）银河中的四颗星叫做"天驷"，天驷旁边的一颗星叫做"王良"，王良旁边又有一颗星叫做"策"。按，古人以四马并列为一驷，策是马鞭的意思。如果策星移动到王良的前面，或天驷的

后面，星象上就叫"王良策马"，张守节《史记正义》说"策马而兵动"，意即这一星象出现，预示将发生战争。

②傅说骑箕（jī）：傅说，商朝人，商王武丁的宰相。骑箕，坐落在箕宿（二十八宿之一，在人马座）旁边。据《庄子·大宗师》，傅说得"道"，以相武丁，死后"乘东维、骑箕尾而比于列星"。按，《晋书·天文志》云："傅说一星，在尾后。""尾"即尾宿，在天蝎座。傅说星即现代天文学家所称的"HIP87261"星，位处人马座和天蝎座的交界，所以古人称傅说"骑箕尾"，又简称为"骑箕"。

③伏羲（xī）画卦：伏羲，传说中的上古圣人、帝王。画卦，画出八卦。据《周易·系辞》，伏羲氏掌管天下时，曾观察天地及身边事物，从中寻求灵感，画出八种卦象，即后世所说的"八卦"。班固在《汉书·艺文志》中追溯《易经》的历史，提到"《易》道深矣，人更三圣，世历三古"，"三圣"即指初画八卦的伏羲、推演八卦为六十四卦的周文王以及为《易经》作传的孔子。按，这些说法来自古代儒家的追溯，不完全可信，如《易传》的成书年代就明显晚于孔子生活的时期。

④宣父删诗：宣父，即孔子，据《新唐书·礼乐志》，唐太宗贞观十一年（637），诏尊孔子为宣父，立庙兖州。删诗，删定古诗。据《史记·孔子世家》，上古时代的诗篇，流传到孔子时期还有三千多篇，孔子去除其中重复的部分，又选出与儒家礼仪及道义相符合的，共三百多篇，自己谱上曲教给学生们。这些被选出来的篇目合集据说就是今天的《诗经》。

【译文】

以著名驭手王良命名的星，在天上还赶着马车；傅说死后升到天上变成星辰，坐落在箕宿和尾宿交界的星区。伏羲画出八卦，后来演化为《易经》；孔子删定当时尚能看到的古诗，保留三百余篇，作为给学生的教材，就是后来的《诗经》。

高逢白帝①，禹梦玄彝②。寅陈七策③，光进五规④。

【注释】

①高逢白帝：高，即汉高祖刘邦。白帝，传说中的"五帝"之一，古人以白色为西方的代表色，白帝就是西方的天帝。据《史记·高祖本纪》，汉高祖刘邦在秦末当亭长时，押送刑徒去骊山服役，路上不断有人逃亡。走到丰西泽，刘邦索性将刑徒全都放了，带着十几个人一起进了大泽抄小路逃亡，让一人在前方探路。探路者回报说有大蛇拦路，刘邦借着酒力，拔剑将蛇斩杀，继续前行。同行者有落在后面的，走到斩蛇的地方，看到一位老妇哭泣，就上前询问，老妇说："我的儿子是白帝之子，变成蛇挡在路上，被赤帝的儿子杀了，我在这里哭他。"于是人们都认为刘邦是赤帝儿子的化身。

②禹梦玄彝（yí）：禹，传说中的上古帝王，又称大禹。玄彝，即玄夷苍水使者，神话人物，"夷""彝"同音通用。据《吴越春秋·越王无余外传》，禹登衡山，杀白马祭神，梦见穿红色绣衣的男子自称玄夷苍水使者，倚在覆釜山上唱歌，他对禹说："想要得到我山上的神书，你要在黄帝所住的山下斋戒三个月，庚子日上山挖掘石头，就能找到它。"禹按照使者的话去做了，果然在宛委山找到黄金做成的简，上面镶着玉字，书中讲的是治水的道理。

③寅（yín）陈七策：寅，即胡寅（1098—1156），南宋官员、学者。七策，七种策略。据《建炎以来系年要录》，建炎三年（1129）闰八月庚寅日，时任起居郎的胡寅向宋高宗上万言书，从国家面临的内忧外患角度，要求高宗应该孝弟、求贤、纳谏、任将、治军、爱民，以及切实推行上述六事，做到"为天子之实"，总计七策。宰相吕颐浩恶其言切直，将胡寅迁为直龙图阁，主管江州太平观，使他投闲置散。

④光进五规：光，即司马光（1019—1086），北宋大臣、史学家。五

规，五条规劝意见。司马光任谏官时，曾写过《上仁宗五规》，这是一篇从宏观角度劝谏宋仁宗改良弊政的文章，分为保业、惜时、远谋、重微、务实五节，即司马光所谓的"五规"。宋仁宗统治时期，号称北宋历史上的"盛世"，但究其实际，各种弊病已经凸显，亟须改革。司马光上疏，希望能以这篇文章促使仁宗振作精神，深谋远虑，以保太平之业，但最终并未收到太大的效果。

【译文】

汉高祖在大泽中斩杀挡路的白蛇，据说是白帝之子；大禹在衡山梦到玄夷苍水使者，指点他去宛委山寻求治水之法。胡寅上书宋高宗，进献七策，希望高宗能以实干致中兴；司马光向宋仁宗提出五条意见，盼望仁宗能振作局势，以保太平。

鲁恭三异[①]，杨震四知[②]。邓攸弃子[③]，郭巨埋儿[④]。

【注释】

①鲁恭三异：鲁恭（32—112），东汉大臣，官至司徒。三异，三件特异的事。据《后汉书·鲁恭传》，汉章帝建初七年（82），京师河南郡（今河南洛阳及周边地区）发生大规模螟灾，鲁恭当时正做中牟县（今河南中牟，东汉属河南郡）县令，县内没有螟虫入境。河南尹袁安怀疑中牟瞒报灾情，就派仁恕掾（汉代负责审案的郡吏）肥亲去当地查证。肥亲和鲁恭同到乡间巡视，一起坐在桑树下，有雉鸡飞过来，落在树旁，旁边恰有一个小童。肥亲问小童："你怎么不抓住雉鸡啊？"小童说："它还带着幼雏呢。"肥亲瞿然而起，与鲁恭告别，说："我来这里，是查访您治理本地究竟如何的。（螟）虫不犯境，这是第一件异事；化及鸟兽（指雉鸡不怕人），是第二件异事；竖子（小孩子）有仁心，是第三件异事。我再久留，也只是徒然打扰贤人罢了。"

②杨震四知：杨震（？—124），东汉大臣，曾任太尉。四知，指天知、地知、你知、我知。据《后汉书·杨震传》，杨震做荆州刺史时，曾经推举一个叫王密的人为茂才，后来杨震调到东莱（汉郡名。郡治在今山东龙口）当太守，路经昌邑（今山东巨野昌邑），王密正在当地做县令，为感谢杨震当年的推举，夜里带了十斤黄金去送给杨震，杨震说："老朋友（杨震自称）了解你，你不了解老朋友，这是为什么呢？"王密说："现在是深夜，没人知道，您收下就是了。"杨震答道："天知，地知，你知，我知，怎么能说没人知道？"王密羞愧而出。

③邓攸（yōu）弃子：邓攸（？—326），晋代官员。据《晋书·邓攸传》，西晋末年，邓攸与家属被石勒俘获，软禁在车营中。待石勒大军渡泗水时，邓攸砍开车子，以牛马载着妻子家人逃亡。后来牛马又被人掠去，邓攸步行，用扁担挑着自己的儿子和弟弟的儿子邓绥。由于邓攸本身力量有限，估计难以同时保全两个孩子，就跟妻子说："弟弟早死，唯有一子，不可让他绝嗣，只能抛弃咱们的儿子了。我们如果幸而不死，将来还会有儿子的。"妻子哭着答应了，邓攸遂将儿子抛弃。其子早上被抛弃，晚上又追上来，第二天，邓攸遂将儿子捆在树上离去。到江东后，邓攸的妻子再未怀孕，邓攸至死无嗣，其侄邓绥以对待父亲的礼节为他服丧三年。

④郭巨埋儿：郭巨，汉代人。据《搜神记》，郭巨兄弟三人，父亲去世后，两个弟弟要分家，父亲的遗产有两千万钱之多，郭巨的两个弟弟各取一千万。郭巨和妻子租住客舍，替人劳作挣钱以奉养老母。后来郭巨有了儿子，担心抚养孩子会影响侍奉老人，又怕老人把食物分给孙子，就想把儿子埋掉。当他去挖地时，挖出一釜黄金，上面写着"孝子郭巨，黄金一釜，以用赐汝"，郭巨于是名震天下。

【译文】

　　鲁恭在中牟做县令时，有"虫不犯境，化及鸟兽，竖子有仁心"三件异事；杨震拒绝王密的赠金，以"天知，地知，你知，我知"为辞。邓攸携带家人逃难，力不能支，就抛弃了儿子来保全侄子；郭巨夫妻担心抚养孩子会影响奉养老人，想把儿子埋掉，幸而挖到黄金，得以两全。

公瑜嫁婢①，处道还姬②。允诛董卓③，玠杀王夔④。

【注释】

①公瑜嫁婢（bì）：公瑜，即钟离瑾（？—1030），北宋官员。婢，旧时被役使的女子，在大多数历史时期属于主人家的私产，没有人身自由。据《括异志》，钟离瑾做县令的时候，女儿将要出嫁，就买了一个婢女作为陪嫁。后来，钟离瑾偶然得知婢女是前任县令的女儿，十分同情她，于是将婢女以和女儿同样的标准嫁出去。

②处道还姬（jī）：处道，即杨素（544—606），隋朝大臣。姬，本是对妇人的美称，后引申为对妾室的代称。据《本事诗》，隋灭陈前，陈朝的太子舍人徐德言已有覆灭的预感，遂对妻子乐昌公主（陈后主之妹）说："以你的才貌，亡国之后必然被赐给权贵，我们大概要永别了。如果情缘未断，指望将来相见，当有信物。"遂打破一面铜镜，各留一半，相约以正月十五在都城市中卖这半面镜子为信。陈亡，乐昌公主被俘北上长安，赐予功臣杨素。徐德言流落在外，按约到京城访寻妻子，杨素得知后，就让公主和徐德言团聚。

③允诛董卓：允，即王允（137—192），东汉大臣，官至司徒。董卓（？—192），东汉末期权臣，残暴好杀。据《后汉书·王允传》，董卓专权时，王允竭力扶持朝廷，与同僚士孙瑞、杨瓒计划诛灭董卓一党。初平三年（192）春季，连续六十多天下雨，王允与士孙瑞、杨瓒登坛祈祷，士孙瑞说："自去年年末以来，霖雨不断，这是

董卓命运将尽的预兆,从内部图谋他,一定能取得胜利。"于是王允结交董卓的部将吕布为内应,在董卓入朝时将其杀死。

④玠(jiè)杀王夔(kuí):玠,即余玠(1199—1253),南宋后期名将。王夔,南宋将领,绰号"王夜叉"。据《宋史·余玠传》,余玠出镇四川后,利州都统王夔拥兵自重,在余玠来视察时陈兵示威,骄悍不可制,平素又恣意残害百姓。余玠有意诛杀他,与亲信部将杨成商议。杨成认为王夔所部虽多,但诛之只需一夫之力,若不将其处死,将来必会作乱。于是余玠夜召王夔议事,以杨成代领其军。杨成单骑进入王夔的营地,宣示余玠的命令,将士相率拜贺,王夔遂被余玠处死。

【译文】

钟离瑾得知给女儿买来陪嫁的婢女是前任县令之女,就按对待自己女儿的标准将她嫁出;南陈的乐昌公主在亡国后被赐予杨素,其夫徐德言来长安寻妻,杨素获悉后,将乐昌公主还给了徐德言。董卓专权时,王允与同僚士孙瑞等人合作,通过拉拢吕布,诛杀了董卓;余玠镇守四川时,大将王夔肆意妄为,被余玠处死。

石虔矫捷①,朱亥雄奇②。平叔傅粉③,弘治凝脂④。

【注释】

①石虔(qián)矫捷:石虔,即桓石虔(?—388),东晋将领。矫捷,雄健敏捷。据《晋书·桓石虔传》,桓石虔的父亲桓豁做荆州刺史时,石虔随他参加狩猎。猎场中有一只老虎,身中数箭,伏在地上。桓豁的部将们知道石虔勇猛,就开玩笑地怂恿他去拔老虎身上的箭。石虔快速地冲过去,从老虎身上拔起一支箭来。老虎受痛,猛地跃起,石虔已经预料到,提前跳了起来,而且跳得比老虎还高,没有被虎抓到。老虎落到地上,石虔跟着落下,又顺势

拔下一支箭。因为此事，石虔在史书中有"矫捷绝伦"的评价。

②朱亥（hài）雄奇：朱亥，战国时魏国人，以屠宰为业，后来做了信陵君的门客。雄奇，雄伟奇特。据《史记·魏公子列传》，朱亥本是市井中的屠者，与隐士侯嬴为友。信陵君窃符救赵时，因朱亥骁勇有力，让他袖藏四十斤的铁椎，击杀魏军主将晋鄙，夺取了军队的指挥权。又据《艺文类聚·宝玉部·璧》引《列士传》，秦王召信陵君到秦国来见他，信陵君不去，命朱亥出使秦国，献上玉璧一双。秦王大怒，把朱亥放到虎圈中，与老虎共处。朱亥怒视老虎，眼角都瞪得破裂了，血溅到老虎身上。老虎被朱亥吓得不敢动弹。由此二事，可见朱亥的勇猛雄壮。

③平叔傅（fù）粉：平叔，即何晏（？—249），三国时魏国官员、学者。傅粉，涂粉。据《三国志·魏书·诸夏侯曹传附何晏传》裴注引《魏略》，何晏以美貌自喜，平日手边都放着化妆的白粉，走路时还会回头看自己的影子。又据《世说新语·容止》，何晏由于皮肤白皙，被魏明帝怀疑涂了粉，于是特意在夏天赐给他汤饼。何晏吃完之后，汗流满面，顺手用袖子擦掉汗水，皮肤反而比之前更为白皙。按，以上两说虽然在何晏是否涂粉这一点上有分歧，但何晏皮肤白皙、容貌美丽，则无可疑。

④弘治凝脂：弘治，即杜乂（yì），东晋人。凝脂，形容皮肤像凝固的油脂一样白。据《世说新语·容止》，杜乂容貌秀美，王羲之见过他以后，称赞道："面如凝脂，眼如点漆，此神仙中人。"东晋另一大臣蔡谟也很欣赏杜乂的仪容，有人称赞王濛仪表不凡，蔡谟就说："可惜你们没见过杜乂。"按，杜乂早逝，故蔡谟以诸人不见为恨。

【译文】

桓石虔骁勇矫健，能从受伤的老虎身上拔箭而不受伤；朱亥雄壮勇武，能挥动四十斤的铁椎，又曾在秦王面前震慑猛虎。何晏皮肤白皙，相貌美丽,以致魏明帝怀疑他涂粉化了妆;杜乂面如凝脂,被王羲之、蔡谟所赞叹。

伯俞泣杖①,墨翟悲丝②。能文曹植③,善辩张仪④。

【注释】

①伯俞泣杖:伯俞,古代孝子,一说是汉代梁地(今河南中南部)人,姓韩。泣杖,因被杖责而哭泣。据《说苑·建本》,伯俞犯了错误,他的母亲性情严厉,就杖责他。伯俞挨了打之后,哀哀哭泣。母亲问他:"从前也打过你,你没有哭,今天为什么哭呢?"他回答说:"以前我犯错误,您打我,我感到疼痛。今天您的力气已经不能让我疼痛了,我悲哀于您的衰老,所以哭泣。"

②墨翟(dí)悲丝:墨翟,墨家学派的创始人,后人称之为"墨子"。悲丝,为丝的遭遇而悲哀。据《墨子·所染》,墨子看见别人在染丝,叹息道:"把丝放到青色染料里就能染成青色,放到黄色染料里就能染成黄色,经过五种颜色的染缸,就能染成五种颜色,所以给丝染色是一定要谨慎的。不仅染丝是这个样子,治国也有沾染的问题啊。"

③能文曹植:能文,善于写文章。据《三国志·魏书·陈思王植传》,曹植十岁出头的时候,已经读过几十万字的文学作品,善于写文章。父亲曹操看了他的习作,非常惊讶,说:"这是你请别人代笔写的吧?"曹植跪下说:"如果您不信,可以当面考试。我怎么会请人代笔呢?"当时新建铜雀台,曹操就命曹植以此为题作一篇赋,果然写得很好。

④善辩张仪:善辩,擅长辩论。张仪,战国时辩士。据《史记·张仪列传》,张仪学游说之术,入秦见惠文王,受到重用。之后张仪先后为秦游说魏、楚、韩、齐、赵、燕六国,劝六国连横事秦,打破了

各国"合纵"以制秦的策略。张仪也以舌辩之功先后做过秦、魏两国的相国，获封武信君。

【译文】

伯俞受母亲杖责，因未觉疼痛，感到母亲气力已衰，便为之哀泣；墨子看到染丝的作坊，想到治国与染丝一样有沾染的问题。曹植少年能文，十岁出头便写成了《铜雀台赋》；张仪能言善辩，劝六国连横以事秦，得以在秦国为相。

温公警枕[①]，董子下帷[②]。会书张旭[③]，善画王维[④]。

【注释】

①温公警枕：温公，即司马光，死后被追封为温国公，故名。警枕，司马光特制的一种木枕，因用圆木做成，会随着人的翻身等活动发生转动，将人惊醒，故名。据《司马温公布衾铭》，司马光用圆木做成枕头，躺下睡一会儿，枕头滚动，司马光就受惊醒来，可以继续读书。

②董子下帷（wéi）：董子，即董仲舒（前179—前104），西汉儒家学者。下帷，垂下帷帐，专心读书教学。据《史记·儒林列传》，董仲舒在汉景帝时被任命为博士（官方学府的教师），讲授《春秋》。他在带学生读书和讲解经义时，总是把帷帐放下来，防止分神。同时，学生以跟从董仲舒学习的时间早晚为次序，新生向资深的学生请教，有的学生都没见过董仲舒的面。

③会书张旭：张旭（约675—约750），唐代书法家。据《新唐书·文艺传》，张旭擅长草书，经常大醉后借酒发狂写字，酒醒以后，重新审视醉中所写，自认是入神之作，不可复得。当时流行的书法有欧阳询、虞世南、褚遂良等数家，但世人论书，认为他们也各有缺点，只有张旭的字，在时人看来是无可非议的。唐文宗时，下

诏以李白诗歌、裴旻剑舞、张旭书法为三绝。

④善画王维：王维（701或699—761），唐代诗人、画家、书法家。据《新唐书·文艺传》，王维善于绘画，尤其擅长画山水景致，世人认为其山水画独得天机，学他的人都不及他。又，《宣和画谱》评价王维，说王维的画功不下于吴道子，又称他思致高远，初未见于丹青，而诗篇中已有画意，可知其画出自天性，胸中所存，无处不潇洒，故能出人之上。

【译文】

司马光用圆木做成警枕，督促自己读书；董仲舒为博士，下帷讲诵，有的学生都没见过他的面。张旭擅长书法，被唐人视为一绝；王维以善画得名，时人以为独得天机。

周兄无慧①，济叔不痴②。杜畿国士③，郭泰人师④。

【注释】

①周兄无慧：周兄，周子的哥哥。周子，春秋时晋国国君悼公的名字。无慧，不够聪明。据《左传·成公十八年》，晋厉公被大夫栾书、荀偃等人谋杀以后，没有继承人，于是众大夫迎接在东周都城洛阳居住的周子（晋襄公曾孙，晋厉公堂侄）回国为君。周子是次子，当时还有兄长在世，本来按制度应该由其兄即位，但此人智力低下，时人谓之"不辨菽麦（连豆子和麦子都分不清）"，没有处理朝政的能力，所以众位大夫就立了弟弟周子。

②济叔不痴：济叔，王济的叔叔王湛（249—295），西晋官员。王济，西晋官员、名士，晋武帝的女婿。据《世说新语·赏誉》，王湛为父亲守孝期满后，仍然在墓地结庐居住，侄子王济平素看不起他，虽偶尔也去拜望，不过寒暄而已。有一次，王济又到王湛住处去，偶然谈起时事，王湛对答甚妙，后来逐渐谈到精微之处，王

济也为王湛所折服。离别时，王济又请王湛试骑难驯的烈马，王湛也表现得非常好。后来王济朝见晋武帝，武帝平日常以王湛为笑料，此次又问王济："你家那个傻叔叔死了吗？"不料王济回答："臣的叔叔不傻。"遂向武帝称赞王湛的长处。

③杜畿（jī）国士：杜畿（163—224），三国时魏国官员。国士，一国之中才能最优秀的人。据《傅子》，东汉末，杜畿从荆州到许昌，住在侍中耿纪那里，两人一谈话就是一夜。尚书令荀彧家在耿纪隔壁，夜里听到杜畿的言论，认为此人非同寻常。第二天早晨派人对耿纪说："你家中有国士却不推荐给朝廷，怎么能做侍中呢？"荀彧见到杜畿以后，与他亲近得像老朋友一样，于是就向曹操推荐杜畿。曹操任命杜畿为司空司直，负责督察百官。

④郭泰人师：郭泰（128—169），字林宗，东汉后期名士。人师，人格可以做别人榜样的人。据《资治通鉴·汉纪·汉桓帝延熹七年》，郭泰博学，善谈论，又有知人之明，喜欢推奖有才德的人。陈国（今河南周口）有个叫魏昭的年轻人向郭泰请求说："讲授经义的老师容易找到，人格上的老师难以找到，我愿意追随在您身边，为您洒扫服务。"郭泰答应了。后来郭泰身体不舒服，让魏昭为他煮粥，煮好送来，郭泰呵斥魏昭说："给长者煮粥不上心，做出来的不能喝。"就把盛粥的碗扔在地上，魏昭又重新去做。前后三次，魏昭的脸色毫不改变，郭泰才赞叹道："以前我只是看到你的脸，从今以后，算是知道你的心了。"遂与魏昭结为朋友。

【译文】

晋悼公的哥哥智力低下，不辨菽麦；王济的叔叔王湛外表愚钝，实际颇有才能。杜畿与耿纪交谈，荀彧听到后，称杜畿有国士之才；郭泰博学善谈，有人伦鉴识，被魏昭视为"人师"。

程颐传《易》^①，觉范论诗^②。董昭救蚁^③，毛宝放龟^④。

【注释】

① 程颐（yí）传《易》：程颐（1033—1107），字正叔，洛阳伊川（今河南洛阳伊川）人。北宋学者。学者称其为"伊川先生"。传《易》，传授《易经》。《易经》又名《周易》，本为上古卜筮之书，后被儒家视为经典，传习不绝。古人认为，《易经》之道精微广大，上通天意，因此历代都有学者对其进行解说。程颐作《易传》，通过解释《易经》阐扬儒家义理，并将无形的"理"与有形的"象"联系在一起，认为易象象征天地万物，而易理则为天地之理，实际将自己的学术观点融入了对《易经》的解说中。《易传》影响深远，不仅为程颐后学所遵习，而且对其后数百年的学界都产生了重要影响。明清科举士子所用的《周易大全》，其解说经义的部分就主要取自程颐《易传》与朱熹《周易本义》两书。

② 觉范论诗：觉范（1071—1128），宋代僧人。法名德洪，又名惠洪，善诗文。觉范著有笔记《冷斋夜话》，其中有大量谈论诗歌创作特点、忌讳以及评论时人诗篇的章节。又著《天厨禁脔》，将作诗之法总结为若干种诗格，而举唐宋旧作为式，如以杜甫《一百五日夜对月》诗为"偷春格（指律诗首联对仗，颔联不对仗）"之类。对觉范的论诗之作，历代评论有褒有贬，有的学者认为他在《冷斋夜话》中生造典故，不可尽信，又指责《天厨禁脔》对诗格的总结有牵强之处，也有的学者认为两书瑕不掩瑜，可供研究者参考。

③ 董昭（zhāo）救蚁：董昭，即董昭之，南朝刘宋人。据《齐谐记》，董昭之过钱塘江，见一只蚂蚁趴在短短的芦苇梗上，在江上漂浮，董昭之起了善心，把它捞到船里。船上人要踩死蚂蚁，董昭之再次保护了它。船到岸后，蚂蚁顺着缆绳回到了地面。当夜，董昭之梦见一个穿黑色衣服的人来致谢，说自己是蚁王，今后如有危难，可以向它求援。过了十几年，董昭之因被诬陷为强盗入狱，

在狱中想起蚁王的话，就把几只蚂蚁捧在手中，对它们诉说自己的窘困。当夜，董昭之又梦见黑衣人来，说："赶紧逃进余杭山，很快天子就要大赦了。"当他醒来时，蚂蚁已经把身上的刑具都咬开了，董昭之得以从狱中逃出，遂渡过钱塘江，逃到余杭山里。不久后皇帝降旨大赦，董昭之因而得以免祸。

④毛宝放龟：毛宝（？—339），东晋名将。据《搜神后记》，毛宝部下有一名军人，曾买到一只白龟，养大后放回江中。后来毛宝率领东晋军队在邾城与后赵军队交战，晋军战败，纷纷跳进江里，淹死了很多人。这名军人也披甲持刀跳入江中，却感觉好像掉在石头上一样，江水才到自己腰部。军人游到江心再看，发现托住他的就是当年放走的白龟，此时已经长到六七尺长了。抵达东岸以后，乌龟从水中露出头来，看了看军人，就转身游走了。按，这个军人没有留下名字，由于他是毛宝的部下，所以后人通常把这个故事归到毛宝头上。

【译文】

程颐解说《易经》，著《伊川易传》，影响了其后数百年的学者；觉范作《冷斋夜话》《天厨禁脔》，谈论诗法。董昭之从江中救出蚂蚁，后来入狱，也为蚂蚁所救；毛宝部下军人养大白龟放回江中，兵败投江之时白龟把他托起，免遭溺水之难。

乘风宗悫①，立雪杨时②。阮籍青眼③，马良白眉④。

【注释】

①乘风宗悫（què）：宗悫（？—465），南朝刘宋名将。据《宋书·宗悫传》，宗悫少年时，叔父宗炳问他将来想做什么，宗悫回答："希望能乘长风破万里浪。"宗炳被他的志向所震惊，说："你将来若不富贵，就必定使我们家族破败。"宗炳是当时著名的高士，子侄

都致力向学，只有宗悫任气好武，故不为同乡所看重。后来，宗悫果然以军功致通显封侯。

②立雪杨时：杨时（1053—1135），北宋学者、官员。从程颐学，为高足弟子。据《宋史·杨时传》，杨时先从程颐之兄程颢学习，深受程颢赞许。程颢去世后，杨时又见程颐于洛阳，此时他已经年过四十，是一个中年人了。一天，杨时与同学游酢同去拜见程颐，正遇程颐在堂上闭目养神，杨时不敢打扰，和游酢一起恭谨地侍立在侧。等到程颐睁开眼睛时，杨、游二人还站在那里。在二人等候的这段时间里，天上下起了大雪，门外的雪已经厚达尺余了。

③阮（ruǎn）籍青眼：阮籍（210—263），三国时曹魏文学家、名士。青眼，用黑眼珠看人。据《晋书·阮籍传》，阮籍能根据自己的心情和需要，选择用黑眼珠或白眼仁看人。嵇喜是遵守礼法的世俗人，去见阮籍时就遭受了白眼的待遇；嵇喜的弟弟嵇康性格超脱，阮籍看他就用黑眼珠。按，当时在曹魏当政的司马氏家族标榜"仁孝"，举用官吏，多以有守礼、至孝之名者为先，阮籍对司马氏的擅权不满，但又不能公然反抗，故不得不在行为上表现出放纵不羁、非薄礼法的样子来。

④马良白眉：马良（187—222），三国时蜀汉官员。据《三国志·蜀书·马良传》，马良兄弟五人都有才华，而且取的字里都有"常"字，故被时人合称为"马氏五常"。马良才华出众，而且年轻时眉毛里就掺杂着白色的毫毛，所以同乡的人都说："马氏五常，白眉最良。"刘备夺取荆州后，先以马良为州从事，称帝后，又以马良为侍中，累加重用，为蜀汉名臣。后世遂以"白眉"代指兄弟或同辈人物中最为出色的一个。

【译文】

宗悫少年时，就立定"乘长风破万里浪"的志向；杨时已到中年，仍立雪程门,对老师非常恭谨。阮籍以青白眼看不同的人,表示自己的感情;马良眉毛杂有白毫,才名在兄弟中最为出色。

韩子《孤愤》①,梁鸿《五噫》②。钱昆嗜蟹③,崔谌乞麋④。

【注释】

①韩子《孤愤》:韩子,即韩非(?—前233),战国时韩国贵族、学者,法家学派的集大成者。孤愤,因孤高而产生的悲愤之情,也是韩非所著文章的篇名。据《史记·老子韩非列传》,韩非看到韩国衰弱,多次向韩王上书劝谏,但韩王不能接受他的意见。韩非对此既无奈又悲愤,故写了《孤愤》《五蠹》等几十万字的文章,后世结集为《韩非子》。

②梁鸿《五噫(yī)》:梁鸿,东汉隐士。《五噫》,梁鸿所作诗歌的名字,诗共五句,每句句末有一个"噫"字表示叹息,故得名。据《后汉书·逸民列传》,梁鸿路过洛阳,看到宫室豪华壮丽,就作歌叹息道:"陟彼北芒兮,噫! 顾览帝京兮,噫! 宫室崔嵬兮,噫! 人之劬劳兮,噫! 辽辽未央兮,噫!(上了北邙山啊,回头看京城啊,宫室高大啊,百姓们辛苦啊,永远没有尽头啊!)"汉章帝听到这首歌后很不高兴,命人追捕梁鸿而不得。梁鸿于是变姓易名,与妻子一起迁居到齐鲁之间。

③钱昆嗜(shì)蟹:钱昆,北宋官员,吴越王钱俶之子。据《归田录》,钱昆在朝廷任职,已官至少卿,忽然请求外出做地方官。有人问他想去做哪个州的长官,他生于浙地,性嗜螃蟹,就回答说:"只要是有螃蟹、没有通判的地方,我就很满意了。"按,宋时设置通判以分地方长官知州之权,经常与知州闹矛盾,所以钱昆这样说。

④崔谌(chén)乞麋(mí):崔谌,东魏、北齐时期的官员。据《北齐书·李绘传》,崔谌做河间太守时,仗着弟弟崔暹的权势,向高阳

内史李绘求取麋鹿角和鹙鸽羽毛。李绘回信说："鹙鸽有翅膀，能飞上天；麋鹿有腿，能跑到海滨去。我肤体疏懒，手足迟钝，不能为了奸佞小人去追赶飞禽走兽。"此时恰逢权臣高澄让崔暹推举司徒长史，崔暹推举了李绘，但最终没有任命他，时人都说是因为这封信得罪了崔氏。

【译文】

韩非有治国之才，却不得韩王信赖，故作《孤愤》以寓意；梁鸿见京都宫室壮丽，作《五噫》之歌以讥刺。钱昆爱吃螃蟹，求出守外郡时，希望到有蟹无通判处任职；崔谌向李绘求取麋鹿角和鹙鸽羽毛，被李绘讥讽。

隐之卖犬①，井伯烹雌②。枚皋敏捷③，司马淹迟④。

【注释】

①隐之卖犬：隐之，即吴隐之（？—414），东晋官员。据《晋书·吴隐之传》，吴隐之做奉朝请（定期参加朝会）时，卫将军谢石请他为主簿。后来吴隐之要给女儿办婚事，谢石知道他家境贫寒，怕他没钱操办，就命令将自家厨房移到吴家，去帮忙经营喜事。去送信的使者到了吴家，看到吴家的婢女把家里的狗牵出去卖钱，其他的东西还都没准备。按，吴隐之是东晋著名的清廉官吏，他历任要职，始终清俭如一，为时人所尊重。

②井伯烹（pēng）雌：井伯，即百里奚，春秋时秦国大夫。烹雌，即烹伏雌。烹，一种做菜的方式；伏雌，抱窝下蛋的母鸡。据《风俗通》，百里奚早年与其妻分别，后来在秦国为相。某天，百里奚在府中，堂上奏乐，他的妻子此时受雇为府中的洗衣妇，自称明晓音律，就拿过琴来，弹着唱道："百里奚，五羊皮。忆别时，烹伏雌，炊扊扅（扊扅，即门闩），今日富贵忘我为？"大意是，百里奚，

当初你只值五张羊皮。记得分别时,我煮了老母鸡,门闩当柴劈,今天富贵了,就把我忘了吗?百里奚听到急忙询问,夫妻由此得以相认。按,《乐府诗集·琴曲歌辞四》有《琴歌三首》,据说是百里奚夫妻分离后又相见时,妻子弹着琴唱的歌。

③枚皋(gāo)敏捷:枚皋,西汉文学家。据《西京杂记》,枚皋写文章非常快,但有时有多余的句子,这是由于写作时不多加思考的缘故。扬雄说:"军旅之际,戎马之间,飞书驰檄用枚皋。"意思是打仗的时候,需要发布檄文、传递军报,这种需要快速完成的文字要用枚皋来写。

④司马淹迟:司马,即司马相如,西汉文学家,善于写赋。淹迟,迟慢。据《西京杂记》,司马相如写文章慢,但从头到尾文辞都很美妙。扬雄说:"廊庙之下,朝廷之中,高文典册用相如。"意即朝廷中重要的文章应该交给司马相如来写,虽然慢,但能写得无可挑剔。

【译文】

吴隐之家贫,无钱嫁女,就把狗牵出去卖钱;百里奚和妻子分离时,家境贫困,妻子煮了家里的母鸡当做送行饭。枚皋作文敏速,虽有累句,但适于军旅之用;司马相如写作迟慢,而通篇温丽,适合朝廷对高文典册的要求。

祖莹称圣①,潘岳诚奇②。紫芝眉宇③,思曼风姿④。

【注释】

①祖莹称圣:祖莹(?—535),北魏文人。据《魏书·祖莹传》,祖莹八岁通晓《诗经》和《尚书》,父母担心他学习太累生病,禁止他夜以继日地读书,祖莹不敢公然违抗父母,就经常在灰中藏火,等到父母睡觉以后,将童仆赶走,用衣服和被子挡住门窗,再点起灯火看书,以免被人发觉。由于他幼年向学,声誉很高,内外亲

属都称他为"圣小儿"。后来祖莹在北魏以博学能文成名,是北魏中后期的著名文人,也多次参议典章制度。

②潘岳诚奇:潘岳(247—300),即潘安,西晋文人、官员。诚,确实。据《晋书·潘岳传》,潘岳少年时就以有才华且貌美闻名,在家乡有"奇童"的称号,大家都认为他会是汉代终军、贾谊那样少年成名的人物。成年后,潘岳历任黄门侍郎等要职,也是西晋著名的文学家,"善为哀诔之文",其《西征》《悼亡》诸赋至今为人传诵。

③紫芝眉宇:紫芝,即元德秀(约695—约754),唐代隐士。眉宇,眉与额之间的地方,也泛指容貌。据《新唐书·卓行传》,元德秀性情质朴忠厚。在鲁山县(今河南鲁山)为官时,他将俸禄都用在帮助孤贫之人上,任满后定居陆浑(今河南汝阳),过着贫困的生活,但却自得其乐。宰相房琯称赞元德秀说:"见紫芝眉宇,使人名利之心都尽。"

④思曼风姿:思曼,即张绪,南齐官员、名士。据《南史·张绪传》,张绪善清谈,容貌行动皆有可观,"吐纳风流,听者皆忘饥疲,见者肃然如在宗庙"。当时益州向朝廷进贡柳树,枝条很长,迎风摇曳,状如丝缕。齐武帝观赏柳树时说:"此杨柳风流可爱,就像年轻时的张绪一样。"

【译文】

祖莹幼年勤学,被称为"圣小儿";潘岳少年以多才聪慧著称,在家乡号称"奇童"。元德秀性情质朴,时人称见其眉宇而名利之心顿尽;张绪风姿优雅,齐武帝见柳条迎风,言似张绪少年时。

毓会窃饮①,谌纪成麋②。韩康卖药③,周术茹芝④。

【注释】

①毓(yù)会窃饮:毓,即钟毓(？—263),三国时曹魏大臣钟繇(yóu)

的儿子。会，即钟会（？—264），钟毓的弟弟。据《世说新语·言语》，有一次钟繇午睡，钟毓、钟会乘机偷父亲的酒喝。钟繇其实并未睡熟，偷眼观看，见钟毓先跪拜再饮酒，钟会只饮酒不跪拜，事后问两个儿子为什么这样做。钟毓说："礼仪需要酒来举行，我不敢不跪拜。"钟会说："偷本身就是不合礼的，所以我不跪拜。"

②谌（chén）纪成糜（mí）：谌，即陈谌，字季方，东汉名士陈寔的儿子。纪，即陈纪（129—199），字元方，陈谌的哥哥。糜，粥。据《世说新语·夙惠》，陈寔家里来了朋友，陈寔让两个儿子元方、季方去做饭。两个孩子点上火，就丢下做饭的工作，偷听父亲和客人谈话。陈寔迟迟不见饭蒸熟，就问儿子怎么回事。两个孩子说："我们光顾着听您和客人说话，忘了给锅加箅（bì）子，米掉进水里，现在都变成粥了（炊忘着箅，饭今成糜）。"陈寔又问："你们记住我们说什么了吗？"两个孩子回答："记住了不少。"于是两个孩子一起复述，互相补充，居然没有漏掉什么。陈寔说："像你们这样好学，做成粥就行，何必一定要是饭呢？"

③韩康卖药：韩康，字伯休，东汉隐士。据《后汉书·逸民列传》，韩康在长安市上卖药，从来不讲价。后来有个女子来买药，与他讲价，韩康不肯，女子生气地说："你是韩康吗，居然不肯讲价？"韩康叹息道："我本来是为了逃避名声才来卖药，不想如今连小女子都知道韩康了，我还卖什么药呢？"于是就逃到霸陵山里隐居起来了。

④周术茹芝：周术，西汉初隐士，即甪（lù）里先生。茹，吃。据《高士传》，西汉初年有四位隐士：东园公、甪里先生、绮里季、夏黄公，隐居在蓝田山中，不肯出来做官。他们常唱一首《紫芝歌》："莫莫高山，深谷逶迤。晔晔紫芝，可以疗饥。唐虞世远，吾将何归！驷马高盖，其忧甚大。富贵之畏人兮，不若贫贱之肆志。"大意

是：肃穆的高山，深谷弯弯曲曲。光闪闪的紫芝，吃下去可以止饥。唐虞的时代太远了，我们又能去哪里呢！驾四匹马，乘高盖车，看起来光彩，忧患却是很大的。富贵的人常要害怕别人，不如贫贱之士反而能随意行事。又据《陈留志》，甪里先生名叫周术。

【译文】

钟毓、钟会兄弟趁父亲睡觉偷酒喝，或拜或否，事后父亲询问，各自言之成理；陈纪、陈谌兄弟偷听父亲和客人谈话，把饭做成了粥，但由于能复述谈话内容，反而得到父亲嘉赏。韩康在长安卖药，言无二价，最终归隐霸陵山中；甪里先生周术与同道东园公、绮里季、夏黄公共隐于蓝田山中，常唱"莫莫高山，深谷逶迤。晔晔紫芝，可以疗饥"的歌。

刘公殿虎①，庄子涂龟②。唐举善相③，扁鹊名医④。

【注释】

①刘公殿虎：刘公，即刘安世（1048—1125），北宋官员。据《宋名臣言行录》，刘安世做谏官，敢于和皇帝争辩。皇帝发火了，刘安世就退在一旁不说话，等皇帝情绪稍微好转，刘安世又上前直言劝谏，有时一个问题要这样来回四五次。侍臣在一旁看到这样的景象，不由得畏缩流汗，于是给他起了个绰号叫"殿上虎"。

②庄子涂龟：庄子，名周，战国时道家学者。据《庄子·秋水》，楚王让大夫去聘请庄子做官，庄子说："我听说楚国有神龟，已经死了三千年，国君把它藏在宗庙里。你们觉得，这神龟是愿意死后把骨头留下享受尊贵的待遇呢？还是愿意悠闲地在泥塘里拖着尾巴爬来爬去呢？"大夫说："它还是愿意在泥塘里吧？"庄子说："你们走吧。我也要在泥塘里拖着尾巴爬来爬去了。"

③唐举善相：唐举，战国时著名的相士。据《史记·范雎蔡泽列传》，

蔡泽请唐举给自己看看还有多少年寿命,唐举说:"从现在开始,还有四十三年。"蔡泽说:"跃马疾驰,怀黄金之印,结紫绶于要,揖让人主之前,食肉富贵,四十三年足矣。"后来蔡泽入秦做了相国,先后侍奉昭王、孝文王、庄襄王和秦始皇,果然长保富贵。

④扁鹊名医:扁鹊,春秋时名医。据《史记·扁鹊仓公列传》,扁鹊是勃海郡(汉郡名。辖今河北沧州、衡水及山东德州一带,郡治在今河北南皮)人,名叫秦越人,少年时获得奇术,能看出人的病在何处,因此治病有神效。按,《扁鹊仓公列传》记载了扁鹊医治病人的很多案例,有一些近乎神话,但也有一些是能与现代医学相印证的,不可尽以传说视之。

【译文】

刘安世做谏官,敢于与皇帝反复争论,号称"殿上虎";庄子不愿为相,自比在泥塘中爬来爬去的乌龟。唐举给蔡泽相面,预言他还有四十三年寿命,后来蔡泽果然历事几代秦王;扁鹊能洞见病人的症结,是春秋时的名医。

韩琦焚疏①,贾岛祭诗②。康侯训侄③,良弼课儿④。

【注释】

①韩琦焚(fén)疏:韩琦(1008—1075),北宋政治家、词人。焚疏,烧掉上疏的草稿。据韩琦《谏垣存稿序》自述,宋仁宗景祐三年,韩琦得授右司谏职,任职三年,敢于犯颜直谏,累有论议,仁宗十从八九。所存谏疏之稿,本想效仿古人敛而焚之,又觉得无以体现皇帝从谏如流的美德,遂将疏稿整理成集,取名《谏垣存稿》。按,据《晋书·羊祜传》:"祜历职二朝,任典枢要,政事损益,皆咨访焉。势利之求,无所关与。其嘉谋谠议,皆焚其草,故世莫闻。"又《宋书·谢弘微传》:"(弘微)每有献替及论时事,必手书

焚草,人莫之知。"焚草,即焚烧草稿。羊祜、谢弘微焚其疏草,是为官谨慎、不欲居功的表现。杜甫为左拾遗时,职司谏诤,引用二人典故,有"避人焚谏草,骑马欲鸡栖"的诗句,后人遂以"焚谏草""焚草"为典故。韩琦所谓效仿古人,盖源于杜诗之掌故。

②贾岛祭诗:贾岛(779—843),唐代诗人。据《云仙杂记》引《金门岁节》,每年除夕夜,贾岛都把当年所作的全部诗稿取出,用酒肉祭奠。他说:"劳吾精神,以是补之。"写诗花了我很多精力,就用这些酒肉来补偿一下吧。按,《云仙杂记》全书共有笔记三百余条,作者皆注明出处,似自古籍中转引抄录而来,但文字与书名的漏洞都很多,古今学者基本认为,这些笔记的所谓出处均为《云仙杂记》作者所伪托,其内容也未必可信。但是,《云仙杂记》中的很多内容,已经成了古人常用的典故,所以也不可一味轻视它。

③康侯训侄:康侯,即胡安国(1074—1138),北宋、南宋之交的学者、官员。据《宋史·胡寅传》,胡安国收养侄儿胡寅为子,但胡寅小时候既聪明又淘气,很难管教。胡安国把胡寅关在阁楼上,阁楼上有一些木块,胡寅闲不住,就把木块都刻成了人偶。胡安国知道后,说:"应该放些东西让他改变心思。"于是在楼上放了几千卷书。过了一年多,胡寅就把这些书都读熟了,甚至能背诵下来。后来,胡寅不仅中了进士,还成了南宋著名的学者。

④良弼(bì)课儿:良弼,即余良弼,南宋初期官员。课,课读,教人读书。据《万姓统谱》,余良弼有《教子诗》,写道:"白发无凭吾老矣,青春不再汝知乎? 年将弱冠非童子,学不成名岂丈夫。幸有明窗并净几,何劳凿壁与编蒲。功成欲自殊头角,记取韩公训阿符。"按,凿壁,指西汉匡衡凿壁偷光读书;编蒲,指西汉路温舒编蒲为牒练习书法。两者都是勤学的典故。阿符,即韩愈之子韩昶,韩愈曾作《符读书城南》诗,督促他勤学,诗中"飞黄腾踏去,不能顾蟾蜍"一句,是成语"飞黄腾达"的出典。

【译文】

韩琦欲将疏草焚毁，又恐无以表彰仁宗纳谏的气度，遂将疏稿编为《谏垣存稿》；贾岛每年除夕以酒肉祭祀当年所作之诗，以慰自己的苦心。胡安国将养子胡寅关在阁楼上，并置书数千卷，任其阅读，以促其改变性情；余良弼作《教子诗》，督促儿子勤学苦读。

颜狂莫及①，山器难知②。懒残煨芋③，李泌烧梨④。

【注释】

①颜狂莫及：颜，即颜延之（384—456），南朝刘宋文学家。莫及，没有人能比得上。据《宋书·颜延之传》，颜延之好酒疏诞，又自负文采，性情狂傲，得罪了很多权贵，史书谓之"性既褊激，兼有酒过，肆意直言，曾无遏隐"，所以始终没能位居要职。但他是刘宋前中期最著名的文学家之一，与陈郡（今河南周口一带）谢灵运以文采并称"颜谢"。时人以为自西晋潘岳、陆机之后，文士没有比得上这二人的。

②山器难知：山，即山涛（205—283），西晋大臣。器，器量。难知，没有人能了解。据《世说新语·赏誉》，王戎评价山涛说："这个人就像'璞玉浑金'，谁都知道是宝贝，但没有人能说清他究竟有何等的器量。"刘孝标注引顾恺之《画赞》，谓山涛器量弘远，"人莫见其际，而其器亦入道。故见者莫能称谓，而服其伟量"。

③懒残煨（wēi）芋：懒残，即明瓒，唐朝僧人。煨，埋在带火的灰里烧熟。据《邺侯外传》，李泌隐居衡山时，懒残和尚也住在山上。懒残半夜念经，声音响彻山林，李泌能从声音中分辨感情，说："听他念经的声音，'先凄惋而后喜悦'，一定是天上被贬下凡的人，现在快要回去了。"李泌后来去拜访懒残，态度十分恭敬。懒残让他坐下，从火中拨出煨好的芋头给李泌吃，说："慎勿多言，

领取十年宰相。"后来李泌果然做了十年宰相。

④李泌（bì）烧梨：据《邺侯外传》，安史之乱时，唐肃宗在灵武，李泌以宾客身份参与机要。一天晚上，肃宗召三个弟弟及李泌围炉闲谈，肃宗亲自为李泌烤了两只梨。肃宗的弟弟颖王也想要一只，肃宗说："你可以吃肉，先生是不吃肉的，所以为他烤梨吃。你怎么还要和先生争呢？"颖王说："臣不过是试试皇上的心意罢了，怎么这样偏向先生呢？我们三个弟弟合起来要一只梨可以吗？"肃宗还是不同意。李泌当时受肃宗的宠信，达到了这样的程度。

【译文】

颜延之性情狂傲，却是刘宋时期很有影响力的文学家，时人以为"文士莫及"；山涛为人深沉渊默，器量宏大，王戎谓之"璞玉浑金"，认为人莫能探其底蕴。懒残和尚煨芋头送给李泌，告诉他"领取十年宰相"；李泌在唐肃宗时参与机要大事，极受信任，唐肃宗亲自烤梨给他吃。

干椹杨沛①，焦饭陈遗②。文舒戒子③，安石求师④。

【注释】

①干椹（shèn）杨沛（pèi）：干椹，晒干的桑葚。椹，桑树的果实。杨沛，三国时魏国官员。据《三国志·魏书·贾逵传》裴注引《魏略·杨沛传》，杨沛做新郑县长时，督促百姓收集桑葚和豆子晒干作为食物，几年下来积累了一千多斛，储存在单独的小仓库里面。曹操率兵迎接汉献帝时，缺乏粮食，杨沛就把这些晒干的桑葚提供给曹操作为军粮。

②焦饭陈遗：焦饭，煮饭时因受热粘在锅底变硬的饭，俗称"锅巴"。陈遗，东晋人。据《世说新语·德行》，吴郡（今江苏苏州及周边地区）主簿陈遗以至孝闻名，他的母亲喜欢吃焦饭，陈遗就缝了一个布袋，每次煮饭，都把锅底的焦饭装在袋子里，带回家给母

亲吃。孙恩起义时,吴郡太守袁山松得知消息,即刻出兵镇压。陈遗当时已经收集了几斗焦饭,来不及送回家,就带着焦饭出征了。不料郡兵打了败仗,大家溃散逃命,很多人饿死在深山大泽里,陈遗却靠着焦饭活了下来。当时的人都认为这是上天对他孝心的回报。

③文舒戒子:文舒,即王昶(?—259),三国时曹魏大臣,官至司空。据《三国志·魏书·王昶传》,王昶为子侄起名,都取有谦退含义的字,以表示谦虚谨慎的态度。他给哥哥的两个儿子分别起名为王默、王沈("沈"通"沉"),分别取字"处静""处道";他自己的儿子王浑字玄冲,王深字道冲。做兖州刺史时,王昶曾写信给子侄,教育他们要重视德行,远离浮华,不要自以为是、争强好胜。

④安石求师:安石,即王安石(1021—1086),北宋大臣、文学家,官至宰相。据《晁氏客语》,王安石教育儿子王雱(pāng),给子孙选择老师,一定要挑选博学而道德高尚的人。有人说,教幼童的启蒙老师,不用这么精心寻找,王安石反对,说:"先入者为之主。"意为启蒙老师对学生的影响尤其强烈,不可不谨慎。

【译文】

杨沛要求百姓收集桑葚和豆子,晒干入仓,后来送给曹操作为军粮;陈遗为母亲收集锅底的焦饭,不想却成了自己救急的口粮,时人以为至孝之报。王昶写信告诫子侄,要保持谦虚尚德的作风;王安石重视为子弟择师,强调"先入为主"。

防年末减①,严武称奇②。邓云艾艾③,周曰期期④。

【注释】

①防年末减:防年,汉朝人。末减,从轻减刑。据《汉武故事》,汉景帝时,廷尉上报一件案子:有一名叫防年的人,他的父亲被后妻

杀死，防年为父报仇，杀了他的继母。按照汉朝的法律，杀死父母是大逆罪，但景帝又觉得这样判似乎不合适，就问时为太子的汉武帝怎么看。太子回答说："继母杀死父亲在先，当她杀人之时，已经算不得防年的母亲了，所以防年杀继母该按一般杀人处理。"景帝认为他说得有道理，就按他的意见去办。

②严武称奇：严武（726—765），唐朝官员。据《新唐书·严武传》，严武的父亲严挺之是唐玄宗时的宰相，和严武生母裴氏感情不好，喜欢妾室玄英。严武八岁时，为母亲杀死玄英出气。严家的仆人向严挺之报告说："公子失手把玄英杀了。"严武说："哪有大臣厚待妾室而薄待正妻的？我是故意杀死她，不是失手。"严挺之没有责怪严武，反而称奇道："真是我严挺之的儿子。"

③邓云艾艾：邓，即邓艾（？—264），三国时曹魏将领。据《世说新语·言语》，邓艾口吃，自称"艾"时经常连续说出几个"艾"字。权臣司马昭和他开玩笑："你总是说'艾艾'，到底是几个'艾'？"邓艾回答："'凤兮凤兮'，也只是一只凤凰嘛。"按，据《论语·微子》，孔子游历到楚国时，隐士接舆在他的车前唱道："凤兮凤兮！何德之衰？往者不可谏，来者犹可追。已而已而，今之从政者殆而！"接舆大概以凤凰比孔子，劝孔子不要再花心血游说当时的统治者，邓艾盖用此歌首句为自己解嘲。

④周曰期期：周，即周昌（？—前192），西汉开国功臣。据《史记·张丞相列传》，周昌口吃，但非常刚直，敢违逆刘邦的意思。汉高祖刘邦晚年想要废掉吕后所生的太子刘盈，改立戚夫人所生的儿子刘如意，大臣纷纷廷争，时任御史大夫的周昌尤其坚决地反对。高祖问周昌的意见，周昌对高祖说："臣口不能言，然臣期期知其不可。陛下虽欲废太子，臣期期不奉诏。"在这句话中，"期"是"必然，一定"的意思，周昌的意思就是："我说不出来，但我知道这样必然不行。陛下想要废太子，我一定不奉诏。"按，周昌表

达自己的意见，其实只需说"期知其不可""期不奉诏"，但他平时口吃，此时又非常生气，就说成了"期期"。

【译文】

防年为父报仇杀死继母，汉武帝尚为太子，认为此案不属于子女杀父母之大罪，该按一般杀人案从轻处理，景帝从之；严武为母亲出气，杀死父亲的妾，父亲严挺之反而因此觉得他不一般。邓艾口吃，常自称"艾艾"；周昌与汉高祖对答，而云"期期"。

周师猿鹄①，梁相鹓鸱②。临洮大汉③，琼崖小儿④。

【注释】

①周师猿鹄（hú）：周师，周朝的军队。鹄，天鹅。据《艺文类聚》引《抱朴子》，西周时，周穆王南征，派出的整支军队久而不归，都变成了非人的事物。军中的贵族将领们变成猿猴和天鹅，一般的士卒就变成虫子甚至沙砾。按，"猿鹄"，一作"猿鹤"，如李白《古风》诗："君子变猿鹤，小人为沙虫。"

②梁相鹓（yuān）鸱（chī）：梁，战国时国名。即魏国，以国都在大梁，故又称为梁。鹓，即鹓雏，凤凰一类的鸟。鸱，古书上指鹞鹰。据《庄子·秋水》，梁相惠子误听谣言，以为庄子要设法取代自己当相国，遂下令在国内搜捕庄子。后来庄子自己去见惠子，对他说："南方有一种叫鹓雏的鸟，只停在梧桐树上，只吃竹子的果实，只喝甜美的泉水。有只鸱得到一只腐烂的老鼠，看到鹓雏飞过，以为鹓雏要抢自己的老鼠，就仰起头来对着鹓雏大叫。你现在也要为了自己的梁国而对我大叫吗？"

③临洮（táo）大汉：临洮，地名。今属甘肃。据《汉书·五行志》，秦始皇二十六年（前221），在临洮出现了巨人，高五丈（约合11.55米），一只脚就长达六尺（约合1.39米），穿着夷狄（当时对少数

民族的蔑称）的服装，共有十二人。这一年，秦始皇刚吞并六国，得知后非常高兴，认为是天降祥瑞，于是下令熔化从各地收缴来的兵器，按照这些巨人的样子，铸成十二个铜人。古代称铜为"金"，故谓之"十二金人"。

④琼崖小儿：琼崖，即琼州（今海南海口）。据《洞微志》，宋太宗时，官员李守忠奉命渡海到琼州办事，遇到一位八十一岁的老人叫杨退举。杨退举邀李守忠到自己家中做客。在杨家，李守忠见到杨退举的父亲杨叔连，年一百二十二岁，祖父杨宋卿，年一百九十五岁。正在交谈时，从房梁上的鸡窠里面，又有一个小孩探头往下看。杨退举的祖父说："这是我的九世祖，平时不说话、不吃东西，也不知道他多大岁数了，每到初一、十五，子孙们都聚集起来，给他磕头。"

【译文】

周穆王南征，派出的军队久而不归，军中将领变成猿猴与天鹅，士兵变成虫子和沙砾；梁相惠子怕庄子取代他，下令搜捕庄子，却被庄子以鹓雏和鸱的比喻嘲笑。秦始皇时，在临洮出现了十二个巨人，始皇遂仿照巨人形象铸成金人；李守忠到琼州，在杨退举家见到杨家先祖，形如小儿，不知其岁数。

东阳巧对①，汝锡奇诗②。启期三乐③，藏用五知④。

【注释】

①东阳巧对：东阳，即李东阳（1447—1516），明代大臣，官至大学士。据《尧山堂外纪》，李东阳少年中进士，入翰林，与程敏政一起朝见皇帝。当时正好直隶进贡螃蟹，明英宗就以螃蟹为题出了一个上联："螃蟹浑身甲胄。"程敏政先对道："凤凰遍体文章。"英宗觉得不错。李东阳对道："蜘蛛满腹经纶。"英宗惊道："这孩

子将来会做宰相吧?"遂分别赐给两人金钱。后来李东阳做到大学士,应了"满腹经纶"之兆;程敏政官至学士,与其所对"遍体文章"也恰相符合。

②汝锡奇诗:汝锡,即陈汝锡(1073—1161),北宋、南宋间官员、诗人。据《万姓统谱》,陈汝锡少年颖悟,数岁能作文。他曾有"闲愁莫浪遣,留为痛饮资"的句子,有人以其诗示黄庭坚,黄庭坚称赞道:"这是我辈中人啊。"后陈汝锡登宋哲宗绍圣四年(1097)进士,官至浙东安抚使。

③启期三乐:启期,即荣启期,春秋时人。据《列子·天瑞》,孔子游泰山,在路上见到荣启期穿着破衣服弹琴唱歌。孔子问他:"先生所以乐,何也?"荣启期说:"吾乐甚多。天地万物,唯人为贵,我生而为人,这是第一件快乐的事;男尊女卑,我是个男子,这是第二件快乐的事;有人生下来连日月都没见过就死了,我活到现在已经九十岁了,这是第三件快乐的事。"孔子说:"太好了,这就是善于自我宽解的人啊。"

④藏用五知:藏用,即李若拙(944—1001),北宋初期官员。李若拙曾作《五知先生传》以自况,所谓"五知",分别是知时、知难、知命、知退、知足。按,李若拙虽有才干,但入仕以后长期停留在中层官员的位置上,曾遭牢狱之灾,又屡被宰相排斥,故以"五知"自嘲。

【译文】

李东阳少年时,在明英宗驾前以"蜘蛛满腹经纶"为对,英宗知其志向高远;陈汝锡少时作"闲愁莫浪遣,留为痛饮资"的诗句,被黄庭坚赞赏为"我辈人也"。荣启期虽然贫困,但善于自我宽解,称自己有"为人、为男子、长寿"三乐;李若拙作《五知先生传》,以"知时、知难、知命、知退、知足"自解。

堕甑叔达^①，发瓮钟离^②。一钱诛吏^③，半臂怜姬^④。

【注释】

① 堕（duò）甑（zèng）叔达：堕甑，把甑掉在地上。甑，古时用于蒸饭的器具。叔达，即孟敏，东汉人。据《后汉书·郭太传》，孟敏挑着甑走路，甑掉在地上，孟敏不回头继续往前走。郭太见状，问他为何不回头，孟敏说："甑已经破了，回头看又有什么用？"郭太认为他不是一般人，就劝他游学。十年之后，孟敏果然成为当世名士。按，郭太即郭泰，东汉晚期的名士领袖之一，以善于识人著称。《后汉书》作者范晔之父名为范泰，故范晔为避父讳，改"郭泰"为"郭太"。

② 发瓮（wèng）钟离：发瓮，打开瓮。钟离，即钟离意（？—74），东汉官员。据《搜神记》，钟离意做鲁相，以私钱整修孔子的车，又亲自擦拭孔子的几席剑履。当时有一个叫张伯的人在堂下除草，挖出七枚玉璧，他隐瞒了一枚，只将六枚交给钟离意，钟离意就将玉璧供奉在几前。在孔子教授弟子的堂下床头挂着一个瓮，钟离意将瓮打开，在其中发现一卷帛书，写着："后世修吾书，董仲舒。护吾车，拭吾履，发吾筒，会稽钟离意。璧有七，张伯藏其一。"钟离意便召张伯来询问："玉璧有七枚，你为什么藏下一枚？"张伯叩头谢罪，交出了玉璧。

③ 一钱诛（zhū）吏：吏，原泛指古代的大小官员，汉代以后，逐渐成为基层小公务员的代称，多无品级，与官员有身份上的区隔。据《鹤林玉露》，北宋名臣张乘崖即张咏（946—1015）知崇阳县时，见本县一个吏员从钱库出来，把一枚钱夹在鬓边巾下，经查验是库中的钱，张咏就命令属下杖责此吏。不料，小吏面对责罚，反而勃然大怒道："一枚钱算什么？你能打我一顿，还能杀了我吗？"张咏闻言，提笔判道："一日一钱，千日千钱；绳锯木断，水滴

石穿。"写完就把小吏杀了。

④半臂怜姬（jī）：半臂，古代一种短袖上衣。据《东轩笔录》，宋祁姬妾众多，他出镇成都时，曾在锦江设宴，微觉寒冷，派人回家取一件半臂，不料一众姬妾得知后各送一件。宋祁面对十几件半臂，穿哪件都怕其他姬妾认为自己有亲疏厚薄之分，伤了感情，只好忍着冷直到回家。

【译文】

孟敏担着甑走路，甑落地摔碎了，他毫不回顾；钟离意修整孔子遗物，手下人从地中挖出七枚玉璧，私藏其一，却被钟离意揭破。张咏发现小吏偷窃县库钱财，又不服责罚，遂以"一日一钱，千日千钱"的理由将其处死；宋祁在成都饮宴，姬妾纷纷送来半臂给他御寒，他怕有厚此薄彼之嫌，最终忍着寒冷，都没有穿。

王胡索食①，罗友乞祠②。召父杜母③，雍友杨师④。

【注释】

①王胡索食：王胡，即王胡之（？—348），东晋官员。据《世说新语·方正》，陶范（东晋名将、大臣陶侃之子）送给王胡之一船米，王胡之拒绝，说："我如果没饭吃了，自然会去找谢尚要饭吃，用不着你的米。"按，王胡之出身于当时的顶级士族琅邪王氏，谢尚则为另一高门士族陈郡谢氏的家族成员，且为当时名士。陶范虽亦为大臣之子，但其父陶侃出身寒门，以军功起家，与高门士族气类不同，故王胡之不愿接受陶范的赠遗，时人视之为"方正"之举。

②罗友乞祠（cí）：罗友，东晋官员。乞祠，向人乞讨祭祀剩余的酒食。据《世说新语·任诞》，罗友知道有人家要祭神，就去讨要吃的。他到得太早，正遇上那家的主人出门迎神。主人问他这个时候来做什么，罗友说："听说你家祭神，想讨一顿饭罢了。"于是

就在门旁一直等到天亮,讨到些吃的就走了,并不为此感到羞愧。按,罗友出身大族,本不至于向人乞食。他这样做,盖以表示自己的真率,不顾世俗眼光,故世人谓之"任诞"。

③召父杜母:召父,即召信臣,西汉官员。杜母,即杜诗,东汉官员。据《汉书·循吏传》,西汉召信臣任南阳太守,教化百姓,兴修水利,郡中民众都很尊敬他。又据《后汉书·杜诗传》,东汉杜诗在南阳当太守时,"诛暴立威,造作水排,铸为农器",又"修治陂池,广拓土田",也深得民心,南阳百姓把杜诗与召信臣相提并论,说:"前有召父,后有杜母。"

④雍友杨师:雍友,即雍退翁。杨师,即杨仲远。两人皆北宋晚期士人。据《方舆胜览·利州东路·兴元府·人物》,北宋末年,张浚中进士后,被选任为山南府(即兴元府,今陕西汉中)士曹参军。他临去上任前,问同乡的前辈士人杨用中:"您曾经往来于梁州(兴元府在唐代的旧称)、洋州(今陕西洋县)之间,当地人士有与您交好的吗?"杨回答说:"兴元杨仲远可以为师,洋州雍退翁可以为友。"

【译文】

王胡之拒绝陶范送来的米,说自己即使断粮,也会向谢尚索求;罗友不顾世俗眼光,向祭神的乡邻乞讨祭物为食。召信臣、杜诗先后在南阳郡做太守,于百姓多有恩惠,时称"前有召父,后有杜母";张浚去兴元府任职,临行前向杨用中请教当地名人,杨用中让他以杨仲远为师,以雍退翁为友。

直言解发①,京兆画眉②。美姬工笛③,老婢吹篪④。

【注释】

①直言解发:直言,即贾直言,唐代人。据《新唐书·列女传》,贾直

言被贬到南海，妻子董氏还年轻，遂对董氏说："我这一去，是生是死很难讲，你赶快嫁人吧。"妻子自己把头发用绳子扎起来，外面又缠上一层帛，让贾直言在帛上画了花押，说："只有你才能解开。"二十年后，贾直言遇赦还乡，看妻子头上的帛，还是缠得好好的。等他解开封帛，妻子的头发都已经枯死，一洗头就全部脱落了。

②京兆画眉：京兆，即西汉京兆尹张敞（？—前48）。京兆尹，西汉首都长安的行政长官。据《汉书·张敞传》，张敞做京兆尹时替妻子画眉，长安百姓传言"张京兆眉妩"，官员上奏汉宣帝，批评张敞无大臣威仪。汉宣帝召问张敞，张敞答道："我听说闺房中夫妇之间的事情，还有过于画眉的呢。"皇帝爱他的才能，不责怪他，但张敞也因为"无威仪"的名声，终究没能做到公卿。

③美姬（jī）工笛：美姬，美貌的姬妾，指西晋官员石崇之妾绿珠。工笛，善于吹笛。据《晋书·石崇传》，石崇家有一妾名叫绿珠，美貌且善于吹笛，很受石崇宠爱。当时擅权的赵王司马伦有一宠臣名叫孙秀，向石崇讨要绿珠，石崇坚决不允，遂遭孙秀诬陷被杀。被捕时，石崇对绿珠说："我因为你，落到家破人亡的地步。"绿珠听了，遂从楼上跳下而死。

④老婢（bì）吹篪（chí）：篪，古代一种用竹管制成的像笛子一样的乐器。据《洛阳伽蓝记》，北魏河间王元琛家中有一歌女叫朝云，擅长吹篪。元琛出镇秦州时，当地羌人叛乱，势头甚大，难以镇压，于是元琛让朝云扮成贫苦老妇，在阵前吹篪乞食。羌人听到悲凉的篪声，思念家乡，就成群结队地归降了。

【译文】

贾直言流放南海，让妻子改嫁，妻子为表不嫁的决心，将头发用帛包裹，直到贾直言赦还之后才解开；张敞做京兆尹时为妻子画眉，被朝臣弹劾，被皇帝责问，他以巧言解释，得以免祸。石崇的姬妾绿珠擅长吹笛子,在石崇被捕后跳楼身亡;元琛家的歌妓朝云善于吹篪,扮成老妇在阵前吹篪乞食,以扰乱敌方军心。

五微

敬叔受饷^①,吴祐遗衣^②。淳于窃笑^③,司马微讥^④。

【注释】

①敬叔受饷(xiǎng):敬叔,即何敬叔,南齐官员。受饷,接受礼物。饷,赠予。据《南史·文学传》,何敬叔在南齐时做长城县令,为官清廉,从来不收礼物。一年端午将至,何敬叔忽然在门上挂出榜文,宣告接受礼物,几天内就收到米两千多斛,其他礼物与米的价值约略相当。但何敬叔并未把这些礼物留下,而是用于替贫民交租。

②吴祐(hù)遗衣:吴祐,东汉官员,《后汉书》作"吴祐"。遗,赠送。据《后汉书·吴祐传》,吴祐做胶东侯相的时候,啬夫(管收税和诉讼的基层官员)孙性私自从百姓手里敛财,给父亲买了一件衣服。孙性的父亲得知后,非常生气,说:"你有这样的上司,怎么忍心欺瞒他?"就叫孙性带着衣服去向吴祐自首。吴祐屏退左右,询问孙性事情经过后,说:"你因父亲的缘故犯罪,蒙受污秽之名,这就是所谓'观过,斯知人矣'。"于是让孙性回去向父亲谢罪,又让他把衣服带回送给父亲。

③淳(chún)于窃笑:淳于,即淳于髡(kūn),战国时齐国辩士,滑稽多智。窃笑,偷偷地笑。据《史记·滑稽列传》,楚国攻打齐国,齐王让淳于髡到赵国求援,给他"黄金百斤、车马十驷",作为给赵国的礼物。淳于髡大笑,齐王说:"先生觉得太少了吗?"淳于髡说:"岂敢。我从东方来,看到一个农夫祭神,祭品只有一只猪蹄、一杯酒,却希望神保佑他家大丰收。"齐王于是给淳于髡"黄金千

镒、白璧十双、车马百驷"。淳于髡到赵国后，求得十万精兵救齐，楚国因而退兵。

④司马微讥：司马，即司马承祯（639—735），唐代道士，长期隐居于天台山，号白云先生。微讥，以微言（隐晦的话）讥刺。据《新唐书·卢藏用传》，卢藏用中进士后，不得选官，就入山隐居，常往来于终南山（在长安附近）与少室山（在洛阳附近）之间，时人目为"随驾隐士"，名声渐高，遂获授官职，累至通显。后来司马承祯被朝廷召至阙下，将要回山时，卢藏用指着终南山对司马承祯说："这山里的风景大有可观之处。"司马承祯说："依我看，这山不过是当官的捷径罢了。"卢藏用知道司马承祯是在讥刺他借隐求官，颇为惭愧。

【译文】

何敬叔做长城令，在将要收租时公开收礼，收到的礼物都拿来替贫民充租；吴祐做胶东相，啬夫孙性敛财给父亲买衣服，又在父亲督促下自首，吴祐原谅了他，并还其衣。齐王命淳于髡出使赵国求救，淳于髡觉得礼物俭啬，就故意发笑以提醒齐王；卢藏用借隐居求名得官，司马承祯得知后，便以微言讥刺他。

子房辟谷①，公信采薇②。卜商闻过③，伯玉知非④。

【注释】

①子房辟（bì）谷：子房，即张良（？—前186），西汉开国功臣。辟谷，道教的一种修炼法，习此法者据说可以不吃五谷。据《史记·留侯世家》，西汉建立后，张良被封为留侯，他说："享受万户的封邑，位至列侯，这是一般人所能达到的极致，对我来说已经足够了。我想抛弃人间的事务，从赤松子（古代传说中的仙人）游。"于是学习辟谷、导引、轻身之类的道术。但据说汉高祖刘邦去世后，吕后感激

张良的恩德,要求他继续进食,吕后说:"人生一世间,如白驹过隙,何至自苦如此乎?"张良不得已,就勉强听从吕后,重新开始吃饭。

②公信采薇:公信,即伯夷,商末周初的隐士。薇,一种野菜,又称"巢菜""野豌豆"。据《史记·伯夷列传》,伯夷与弟弟叔齐互相推让孤竹国君的位子,一起出奔在外。后来,两人因反对周武王灭商,又一同隐居在首阳山中,不吃周人种的粮食,只靠在山中采薇菜维持生活。最终,两人将要饿死时,作歌道:"登彼西山兮,采其薇矣。以暴易暴兮,不知其非矣。神农、虞、夏忽焉没兮,我安适归矣?于嗟徂兮,命之衰矣!"登上西山啊,采那里的薇菜。以暴易暴啊,不知道自己的过错。神农、虞、夏那样敦行禅让的君主没了,我们能去哪儿呢?可叹呀,这也是我们命运不济。

③卜(bǔ)商闻过:卜商,孔子晚年的学生,字子夏,春秋末、战国初的儒家大学者。闻过,听到自己的过错。据《礼记·檀弓》,子夏晚年丧子,哭得眼睛都失明了。曾子去吊唁,子夏哭着说:"天啊,我没有罪过啊!"曾子说:"你怎么没有罪过?你在西河养老,讲学不称道老师,让西河的百姓以为你和老师同样贤明,这是第一条罪过;处理父母丧事,没有什么可以让人称赞的,这是第二条罪过;死了儿子就哭瞎了眼睛,这是第三条罪过。还说你没有罪过吗?"子夏扔掉所挂的手杖下拜,说:"我错了,我错了。我离开朋友独自居住太久了。"

④伯玉知非:伯玉,即蘧(qú)瑗,字伯玉,春秋时卫国大夫。知非,知道自己做错的地方。据《淮南子·原道训》,蘧伯玉不断反省自己、纠正自己。五十岁时回顾自己前半生,能知道前四十九年犯的错误。又据《论语·宪问》,蘧伯玉曾派人去见孔子,孔子让使者坐下,问:"蘧伯玉老先生最近在做什么?"使者回答:"老先生希望能尽量少犯错误,但还没能做到。"使者离开后,孔子赞叹道:"真是好使者啊,真是好使者啊。"由此可见,蘧伯玉的自我反

省，在当时是很有影响的。

【译文】

张良晚年学习辟谷法，可以不吃五谷而维持生命；伯夷与弟弟叔齐隐居在首阳山，靠采薇菜过活，宁可饿死也不食周粟。卜商晚年丧子，自言无罪，曾子指出他的三条错误，卜商很恭敬地接受了；蘧伯玉不断反省自己，到了五十岁时，回顾前尘，能够发现前四十九年中犯了哪些错误。

佐治远志①，伯约当归②。商安鹑服③，章泣牛衣④。

【注释】

①佐治远志：佐治，即郝隆，东晋官员。远志，中药名。据《世说新语·排调》，谢安本来一直过隐居生活，由于朝廷催迫，不得已出山做桓温的司马。当时有人送给桓温一些草药，其中有一味远志。桓温问谢安："远志为什么又叫小草？"谢安还没来得及回答，同在桓温部下的郝隆应声说："隐居时叫远志，出山就只能是小草。"谢安闻之羞愧。

②伯约当归：伯约，即姜维（202—264），三国时蜀汉将领。当归，中药名。据《三国志·蜀书·姜维传》裴注引《杂记》，姜维归降蜀汉后，母亲仍在曹魏，母子分隔两国。后来姜维收到母亲的信，求取当归，实际是示意他找机会回到魏国。姜维回信说："良田百顷，不在一亩；但有远志，不在当归也。"表示自己有远大的志向，不会因母亲的招降而投魏。

③商安鹑（chún）服：商，即卜商。安，安心于。鹑服，破旧的衣服。据《荀子·大略》，卜商家里很穷，衣服上到处都是补丁，像是鹑鹑一样。按，鹑鹑的尾巴短而秃，羽毛也又短又到处是斑点，穿上绳子挂起来，远看就像衣服上的一串补丁。

④章泣牛衣：章，即王章。牛衣，盖在牛身上的粗布。据《汉书·王

章传》，王章未做官时，家里非常穷，连一床被子都没有，得了病只能用牛衣盖在身上保暖。当时他非常灰心，哭着和妻子诀别，妻子斥责他说："朝廷中的公卿，哪个学问能超过你？你不想着上进，哭哭啼啼有什么用？"王章因而奋发，后来官至京兆尹。

【译文】

谢安出山做官，郝隆讥讽他，说草药长在地里时叫远志，出了山只能叫小草；姜维归降蜀汉后，母亲仍在魏国，写信求取当归，暗示他应该回归魏国，姜维回信拒绝。卜商家贫，平时穿着破衣服，满身都是像鹌鹑一样的补丁；王章未做官时，生病时只能用牛衣盖在身上保暖，灰心丧气下，哭着要与妻子诀别。

蔡陈善谑①，王葛交讥②。陶公运甓③，孟母断机④。

【注释】

①蔡陈善谑（xuè）：蔡，即蔡襄（1012—1067），字君谟，北宋官员，书法家。陈，即陈亚，北宋官员。谑，开玩笑。据《诗话总龟·诙谐门》，陈亚善作诗而性情诙谐，与蔡襄在金山寺聚会。酒兴正浓时，蔡襄在屏风上写了一句："陈亚有心终是恶。"是借陈亚的名字开玩笑。陈亚闻言，便回敬道："蔡襄无口便成衰。"以彼之矛，攻彼之盾。

②王葛交讥：王，即王导（276—339），东晋大臣。葛，即诸葛恢（284—345），东晋官员。交讥，互相讥讽。据《世说新语·排调》，王导和诸葛恢争论两姓声望高低。王导说："你说诸葛氏地位高，怎么通常都说'王、葛'，不说'葛、王'呢？显然王氏还是要排在诸葛氏前面。"诸葛恢说："就像大家都说'驴马'，没有人说'马驴'，难道驴就比马个头更大了？"按，王导出身琅邪王氏，诸葛恢出身琅邪诸葛氏，二人同乡，所争虽有开玩笑的成分，但也

反映了王、葛两家在争夺本郡望族地位上的矛盾。

③陶公运甓（pì）：陶公，即陶侃（259—334），东晋大臣。甓，砖。据《晋
书·陶侃传》，陶侃任广州刺史时，辖区内很平静，于是他每天早上
搬一百块砖到书房外，晚上又把这一百块砖搬到书房内。有人问
他为何这样做，陶侃回答："我正致力于收复中原，如果日子过得
太悠闲，恐怕将来没法再做事，所以要找些事来磨练自己。"后来
王敦之乱平息后，陶侃出镇荆州，先是稳定荆州这一重镇的局面，
又在平定苏峻之乱中立下大功，对于东晋政权的稳定贡献极大。

④孟母断机：孟母，孟子的母亲。机，织机。据《列女传·母仪传》，
孟子小时候上学回来，母亲问他："学到什么地步了？"孟子应付
说："也就是那个样子吧。"孟母于是斩断正在织的布，说："你不
认真学习，就像我斩断布一样。你认真学习有了学问，才能保证
未来生活的安宁，如果停止学习，将来怎么免除祸患呢？我靠织
布维持生活，中途停下来不织了，拿什么给你做衣服，又怎么换
取粮食呢？"孟子听后很受启发，于是认真学习，最终成为战国时
期的著名学者。

【译文】

蔡襄和陈亚开玩笑，互以对方的名字作雅谑；王导和诸葛恢争论
王、葛两族在本郡地位高低，互相讥刺。陶侃不让自己怠惰，每天早晚
在书房内外运砖以锻炼体力；孟子小时候学习不认真，母亲就斩断正在
织的布，以此告诉他半途而废是错误的。

六鱼

少帝坐膝①，太子牵裾②。卫懿好鹤③，鲁隐观鱼④。

【注释】

①少帝坐膝：少帝，指晋明帝司马绍（299—325），晋元帝之子。坐膝，

坐在膝盖上。据《世说新语·夙惠》，明帝小时候坐在父亲元帝膝上，元帝问他："太阳和长安哪个更远啊？"明帝说："太阳远，从来没听说有人从太阳那里来，由此可知。"元帝觉得儿子很聪明，第二天特意当着朝臣的面，又问明帝同样的问题，不料明帝说："长安远。"元帝大吃一惊，问："你的答案怎么和昨天不一样了呢？"明帝答道："抬起头来就能看见太阳，可是看不见长安。"按，长安本是晋朝故土，因国力衰弱，不得已东渡洛阳。这句话暗含了故土之思和"国家势弱，朝廷无为"的哀叹。

② 太子牵裾（jū）：太子，皇帝的继承人。这里指愍（mǐn）怀太子司马遹（yù，278—300），晋武帝之孙，晋惠帝之子。牵裾，牵着衣襟。据《晋书·愍怀太子传》，愍怀太子小时候非常聪明。五岁时，宫里失火，武帝登上高楼，想看看火有多大，太子牵着武帝的衣服，让祖父躲到暗影里面。武帝问他为什么，太子说："现在是晚上了，突然发生火灾，要当心有人作乱。火光明亮，把您所在的地方照得清清楚楚，这样很危险。"武帝因此觉得这个孩子不一般。

③ 卫懿（yì）好鹤：卫懿，即卫懿公（？—前660），春秋时卫国国君。好鹤，喜好养鹤。据《左传·闵公二年》，卫懿公喜欢养鹤，平时让鹤享受大夫的待遇。等到狄人侵略卫国，要打仗的时候，国人（指居住在城邑及附近的人，在春秋时期，是承担兵役义务的主力）都说："让鹤去打仗吧，鹤享受着您的俸禄，我们哪会打仗呢？"卫懿公在丧失民心的情况下与狄人交战，果然大败，卫懿公战死，卫国险些灭亡。

④ 鲁隐观鱼：鲁隐，即鲁隐公（？—前712），春秋时鲁国国君。据《左传·隐公五年》，鲁隐公要到棠邑（今山东鱼台东）观看捕鱼，大夫臧僖伯劝谏他，说："凡是事物不足以讲习大事（指祭祀和军事）、材料不足以制作器具的，都不值得君主注意。猎兽捕鱼是

皂隶的事情,有具体的官员主管,跟您没有关系。"鲁隐公不听,说:"我将要经略边境。"于是前往棠地,陈鱼以观,臧僖伯借口生病,没有随行。当年冬天,臧僖伯去世,鲁隐公说:"叔父有憾于我。"下令将臧僖伯的丧礼提升一个等级,以示哀悼。按,臧僖伯是鲁孝公之子、鲁惠公的兄弟,鲁隐公则是惠公之子,故称臧僖伯为叔父。

【译文】

晋明帝儿时坐在父亲晋元帝膝上,回答太阳远还是长安远的问题,表现出的聪慧为元帝所惊诧;愍怀太子五岁时劝祖父晋武帝避开火光,以防止有人作乱,武帝因而器重这个孙儿。卫懿公喜好养鹤,丧失了民心,在狄人入侵时身亡于战场;鲁隐公不听臧僖伯劝谏,执意到棠邑观鱼,直到臧僖伯去世后才心生悔意。

蔡伦造纸①,刘向校书②。朱云折槛③,禽息击车④。

【注释】

① 蔡伦造纸:蔡伦(?—121),东汉宦官。据《后汉书·宦者列传》,古时用来书写文字的材料只有竹简和缣帛,竹简太沉,缣帛又太贵,蔡伦创造出用树皮、麻头、破布、渔网造纸的方法献给皇帝,天下称为"蔡侯纸"。之所以名为"蔡侯",是因为蔡伦晚年被封为"龙亭侯"的缘故。按,1986年,在甘肃天水的放马滩西汉古墓中,出土了一份纸质地图,证明蔡伦并非造纸术的发明者,但他可能是相关工艺的重要改进者。

② 刘向校(jiào)书:刘向(前77—前6),西汉后期学者。校书,校勘书籍。据《汉书·刘向传》,建始元年(前32),汉成帝命刘向主持校书工作。刘向受命后,把宫内藏书与各种版本对照校勘,找出各本之间的差异,最终写成定本。在校勘过程中,刘向为每部书都写了提

要，分门别类编订成书，这就是我国最早的目录学著作《别录》。

③ 朱云折槛（jiàn）：朱云，西汉官员。折槛，折断栏杆。据《汉书·朱云传》，朱云上书求见，当着朝廷大臣的面，向汉成帝请求斩杀丞相张禹，以警示公卿。成帝大怒，下令御史把朱云拉下去问罪，朱云攀住殿门的栏杆大喊："臣死后能和龙逢、比干（两人都是传说中古代的忠臣）交往于地下，也算值得了！只是不知国家会变成什么样子？"由于用力太大，栏杆都被拉断了。左将军辛庆忌为朱云求情，叩头流血，成帝怒气渐消，朱云因而得以幸免。等到要整修殿门的栏杆时，成帝说："不要换了，修补一下就可以，以此来彰显敢说话的官员。"

④ 禽息击车：禽息，春秋时秦国大夫。据《韩诗外传》，禽息向秦穆公（也作"秦缪公"）推荐百里奚，穆公不肯任用，禽息趁穆公出行的时候拦下车，一头撞向木桩，头破血流，并说："我活着不能对国家有价值，不如死了吧。"穆公因而感悟，于是就任用了百里奚。

【译文】

蔡伦发明了用树皮、破布造纸的方法，使纸逐渐普及；刘向受皇帝之命负责校勘皇家藏书。朱云直言进谏，汉成帝下令御史把他拉出去问罪，他攀住殿门上的栏杆不松手，连栏杆都拉断了；禽息向秦穆公推荐百里奚，不被接纳，就以头撞车死谏。

耿恭拜井①，郑国穿渠②。国华取印③，添丁抹书④。

【注释】

① 耿恭拜井：耿恭，东汉初期将领。拜井，在井前祭拜。据《后汉书·耿恭传》，耿恭在汉明帝时为戊己校尉，守疏勒城，被匈奴围攻。城中没有水源，想打井，挖地十五丈也打不出水来，将士面临渴死的危险。耿恭整理衣冠，在井前拜祭，为将士祈祷，不久

泉水奔涌。耿恭命将士把水泼到城外给匈奴人看,匈奴人大惊,以为有神帮助汉军,于是从疏勒撤兵。

②郑国穿渠:郑国,战国时水工。穿渠,挖掘沟渠。据《史记·河渠书》,战国时,韩国想让秦国无力东侵,于是派水工郑国到秦国,劝秦国修一条三百多里长的水渠来灌溉农田,以消耗其国力。工程修到一半,韩国的密谋被发觉,秦王要杀郑国,郑国说:"我确实是为了做间谍来的,但是水渠修成了,对秦国也很有好处。"秦王认为他说得对,就让他继续修渠。修成后,关中农田得到及时灌溉,秦国因而更加富强,这条水渠就被命名为"郑国渠"。

③国华取印:国华,即曹彬(931—999),北宋名将。据《宋史·曹彬传》,曹彬周岁时,父母把各种玩具放在席子上,看他拿什么,以预卜孩子的前程。曹彬左手拿兵器,右手拿礼器,过一会儿又拿起一枚印章,其他的就都不看了,众人都觉得这孩子很特别。后来曹彬先后做过节度使、枢密使、中书令,应验了周岁时的预卜。

④添丁抹书:添丁,卢仝(tóng)儿子的小名。卢仝(约795—835),唐代诗人。抹书,在书上涂抹。卢仝曾写过一首名为《示添丁》的诗,诗中形容儿子顽皮,说:"忽来案上翻墨汁,涂抹诗书如老鸦。"

【译文】

耿恭在疏勒城被匈奴围攻,城中无水,耿恭在井前拜祭,井遂出水;郑国为韩国做间谍,劝秦王修渠,反助秦国富强。曹彬抓周时,先后拿起兵器、礼器和印章,后来出将入相;卢仝的儿子名叫添丁,幼年顽劣,在卢仝的书上胡乱涂抹。

细侯竹马①,宗孟银鱼②。管宁割席③,和峤专车④。

【注释】

①细侯竹马:细侯,即郭伋(jí,前39—47),汉代官员。竹马,儿童游

戏时当马骑的竹竿。据《后汉书·郭伋传》，郭伋在王莽时曾任并州牧，有恩于百姓。东汉光武帝时，他再次出任并州牧，巡察到西河郡美稷（jì）县（今内蒙古准格尔旗西北），有儿童数百人骑着竹马在道边跪拜迎接。郭伋问他们："你们来这里干什么？"儿童们都说："听说您要来了，非常高兴，所以来欢迎您。"等巡察本地完毕，将去别处的时候，儿童们又送郭伋出城，问他何时回来，郭伋让属吏计算时日，将日期告诉儿童们。巡察完其他郡县，将要回到美稷时，比预料的日期早了一天，郭伋就在郊外的馆舍住了一夜，次日入县，以免对儿童失信。

② 宗孟银鱼：宗孟，即蒲宗孟（1022—1088），北宋官员。银鱼，指银鱼袋。唐代赐五品以上的官鱼袋，内装金银制成的鱼符，五品以上赐银鱼，三品以上赐金鱼。宋代不赐鱼符，仅在鱼袋上用金银制成鱼形装饰，赐予朝官，服紫者（三品以上官）赐金鱼袋，服绯者（五品以上官）赐银鱼袋，赐紫章服者则佩金涂银鱼袋，根据鱼饰材质不同，简称仍是"金鱼""银鱼"。据《东都事略·蒲宗孟传》，蒲宗孟升任翰林学士，入朝谢恩时，宋神宗说："翰林学士是清要的近侍官，对他们的宠礼还有不足之处，从今以后，允许学士佩鱼。"从蒲宗孟以后，翰林学士都加佩鱼袋。按，据宋代制度，蒲宗孟以右正言（从七品）为翰林学士，本不应佩鱼，神宗允许翰林学士佩鱼以示优礼，则必同时赐蒲宗孟以鱼袋。依宋制，赐给蒲宗孟的鱼袋当为银鱼，但史书阙载尔。

③ 管宁割席：管宁（158—241），东汉末名士。据《世说新语·德行》，管宁与华歆一同锄草，挖到一块金子，管宁就像挖到土块一样毫不在意，华歆则拿在手里看了一番才扔掉。两人又一同读书，有高官的仪仗路过门口，管宁依然专心读书，华歆则放下书出门去看。经过这些事后，管宁觉得两人志向不同，就把坐席割开，对华歆说："你不是我的朋友。"按，据《三国志·魏书·华歆

传》，后来华歆在曹魏政权官至司徒，魏文帝"诏公卿举独行君
子"，华歆遂举管宁以应选；后魏明帝即位，转华歆为太尉，华歆
称病乞退，请让位于管宁，则两人之间似无断交之事。

④和峤（qiáo）专车：和峤（？—292），西晋官员。专，独占。据《晋
书·和峤传》，西晋初年，和峤做中书令，荀勖做中书监。按照旧
制度，中书监和中书令应该同坐一辆车入朝，但是和峤看不起荀
勖，认为荀勖是佞臣，故每当两人同车入朝时，总是自己独占整
辆车，不给荀勖留坐的空间。由于和峤的这种态度，后来就改成
中书监和中书令各坐一辆车了。

【译文】

郭伋做并州牧，巡察到美稷县，当地儿童骑竹马来迎候；蒲宗孟升
任翰林学士，宋神宗特加优待，允许翰林学士佩戴鱼袋。管宁与华歆同
学，见华歆志在名利，遂割席断交；和峤做中书令，鄙视中书监荀勖谄
佞，独占一车，不肯与他一起入朝。

永和拥卷①，次道藏书②。渭阳袁湛③，宅相魏舒④。

【注释】

①永和拥卷：永和，即李谧（484—515），北魏隐士。拥卷，拥有书
籍。据《魏书·逸士传》，李谧是北魏名臣李安世之子，十三岁即
通晓《孝经》《论语》《毛诗》《尚书》，尤精历数。他专心读书，累辞
征辟，不肯做官，专心收集当时流传的经籍文献，加以校雠，其中
不相重复的图书达四千卷之多。李谧曾说："丈夫拥书万卷，何
假南面百城？"意即男子汉家里有图书万卷，哪有工夫去做天子
和高官？表达了不求荣利、专心学术的志向。

②次道藏书：次道，即宋敏求（1019—1079），北宋官员、学者、藏书
家。据《宋史·宋敏求传》，宋敏求家藏书有三万卷之多，他大都

诵习过，故精通朝廷典故，士大夫每有疑义，常来向他请教。又据《曲洧旧闻》，宋敏求家中藏书丰富，而且每一本书都校勘三五遍，世间藏书的人都把宋家的书看作善本。宋仁宗时，喜欢读书的士大夫争着在宋敏求家附近租房，为的是借书方便，以至于宋家附近的房租都比别处高出一倍。

③渭阳袁湛（zhàn）：渭阳，春秋时秦太子送舅舅晋文公回国，到渭水北岸告别，作了一首名叫《渭阳》的诗，以表示不忍与舅父分离，后世于是把"渭阳"作为舅父的别称。袁湛（379—418），东晋、刘宋大臣。据《南史·袁湛传》，袁湛的外甥谢绚曾在公事场合（朝廷、官府）对袁湛无礼，袁湛说："你家就是两代无渭阳情（不讲舅甥情谊）。"谢绚的父亲谢重对舅父也不够尊重，所以袁湛这么说。谢绚听了非常羞愧。

④宅相魏舒：宅相，住宅的格局。古人认为从住宅的格局能够看出住户的兴衰，因而有相宅的职业。魏舒（209—290），西晋大臣。据《晋书·魏舒传》，魏舒小时候在外家（母亲的娘家）长大，外家盖了新宅子，让相宅的人来看，相宅人说："一定能出一个显贵的外甥。"外祖母认为魏舒从小就聪明，所谓"贵甥"大概就是指他。魏舒也说："要为外家实现这种宅相。"但魏舒成年后一度被认为迟钝，直到四十多岁时，才被举为孝廉，自县令历官至司徒，为西晋名臣。

【译文】

李谧专心读书，辞绝征辟，有"丈夫拥书万卷，何假南面百城"之语；宋敏求家藏书三万卷，士大夫常来向他请教，又争着在他家附近租房，以图借书方便。袁湛见外甥谢绚对自己无礼，便指责他"无渭阳情"；魏舒少年时居住在外家，外家请人来相看宅院，相宅人说当出贵甥，后来魏舒果然显达。

镇周赠帛^①，宓子驱车^②。廷尉罗雀^③，学士焚鱼^④。

【注释】

①镇周赠帛（bó）：镇周，即张镇周，隋末唐初官员。据《资治通鉴·唐纪》，唐高祖时，张镇周被委派到故乡舒州（今安徽安庆）做都督后，回到自家的老宅，召集亲友饮宴作乐十天，又把金帛送给他们，然后流着泪说："今天张镇周还能和老朋友们作乐，明天之后，就是舒州都督治理百姓，和各位有官民身份的差异，不能再来往了。"此后虽遇亲朋故旧犯法，一概秉公处理，毫不宽纵，境内肃然。

②宓（fú）子驱车：宓子，即宓子贱，名不齐，春秋时人，孔子的弟子。据《说苑·政理》，宓子贱做单父（今山东单县）的邑宰，临行前去请教阳昼，阳昼说："我有两条钓鱼心得，当作送行的礼物吧。你投下钓饵就咬钩的鱼，叫阳桥，肉少而且不好吃；似乎要咬饵又似乎不咬的，叫鲂鱼，肉厚而且好吃。"宓子贱还没有到单父，已经有很多贵人前来迎接，宓子贱吩咐车夫："赶快往前走，这是阳昼所说的阳桥来了。"

③廷尉罗雀：廷尉，汉代官名。国家的最高法官。罗雀，用罗网捕捉鸟雀。据《史记·汲郑列传》，翟公任廷尉时，宾客满堂；等到被免职，门前人少到可以设网捕鸟的地步。后来翟公重新被朝廷起用，又有宾客想去拜访他，翟公在门上写道："一死一生，乃知交情；一贫一富，乃知交态；一贵一贱，交情乃见。"

④学士焚鱼：学士，官名。焚鱼，烧毁所佩的鱼符。据《古今事文类聚·退隐部·闲退·诗话》，南朝梁人张褒任学士时，被御史弹劾渎职，张褒说："青山不会对不起我。"就烧掉佩带的官印离职了，后来杜甫在《题柏学士茅屋》诗里写道："碧山学士焚银鱼。"用的就是这个典故。按，梁无鱼符之制，张褒焚章而去职，不当谓之焚鱼。又据钱谦益在《牧斋初学集·注杜诗略例》中的说

法，"碧山学士之为张褒"，系宋人郑昂所伪造的典故。

【译文】

张镇周出镇故乡舒州，先与亲友欢饮，赠予金帛，而后正式上任，秉公执法，舒州为之肃然；宓子贱到单父做邑宰，本地贵人到境外来迎接，宓子贱都不予理睬。翟公被罢免廷尉之职，宾客纷纷离去，门可罗雀；张褒任学士时遭弹劾，遂将印章烧掉，自行离职。

冥鉴季达①，预识卢储②。宋均渡虎③，李白乘驴④。

【注释】

①冥鉴（jiàn）季达：冥鉴，暗中鉴别。季达，即杨希仲，南宋人。据《夷坚志》，杨希仲没有中进士时，在成都某人家做家庭教师，主人的小妾偷偷来和他调情，杨希仲正色拒绝。当晚，杨希仲在故乡的妻子梦见有人对她说："你的丈夫独处异乡，能够自我约束，不背人做亏心事，神明已经知道，将让他中第一名作为报答。"第二年，杨希仲果然在考试中得了第一名。

②预识卢储：预识，预先赏识。卢储，唐代进士。据《太平广记·贡举四》引《抒情诗》，李翱在江淮地区做郡守，有进士卢储投卷。李翱的女儿才十五岁，看到卢储投来的文卷，说："此人必为状头（这个人一定能中状元）。"李翱听到女儿的话，深感奇异，就让幕僚向卢储传达结亲的意思。第二年，卢储中了状元，随即与李翱的女儿结婚。举行婚礼前，卢储作《催妆诗》，诗中有"昔年将去玉京游，第一仙人许状头"的句子，指的就是妻子预先说他要中状元。

③宋均渡虎：宋均（？—76），东汉官员。据《后汉书·宋均传》，九江郡有很多老虎，设置陷阱也不能防止它们伤害百姓。宋均出任九江太守，给各县下通知说："老虎伤人，是因为官吏残暴，上天有所感应的缘故，总是忙着捕捉老虎，不是善待百姓的办法。

应该除去那些贪婪奸恶的官吏，多选拔忠诚善良的人任职。各县把陷阱都撤掉吧。"后来，据说老虎真的离开九江，一起游到长江东岸去了。

④李白乘驴：李白（701—762），唐代诗人。唐玄宗时曾供奉翰林，后赐金放还（赏赐金钱让他回原籍）。据《类说》引《摭遗》，李白游华山，喝醉了酒，骑着驴从华阴县衙门前经过。县令正开着门审案，看到李白过县衙门口不下驴，就把他抓了起来，问他："你是什么人，竟敢如此无礼？"李白请求自作供状，提笔写道："曾用龙巾拭吐，御手调羹，力士脱靴，贵妃捧砚，天子殿前尚容吾走马，华阴县里不得我骑驴？"县令吓得站起来作揖道："不知翰林到了这里。"李白跨上驴子，扬长而去。

【译文】

杨希仲不肯与主人家的小妾偷情，被神明赞许，科场得意，卢储向李翱投卷，为其女赏识，认为能中状元，后果然以第一及第。宋均出任九江太守，修明政治，据说在当地为害的老虎都离开了；李白醉酒骑驴过华阴县衙，被县令责以无礼，遂以供状自辩，反而吓退了县令。

仓颉造字①，虞卿著书②。班姬辞辇③，冯诞同舆④。

【注释】

①仓颉（jié）造字：仓颉，传说中的人物，据说是我国文字的发明者，有人说他是黄帝的史官。据《说文解字》序，神农氏用结绳来记事，随着人类认识的事物越来越丰富，结绳逐渐不能满足需要，产生了很多欺诈行为。黄帝的史官仓颉观察鸟兽的足迹，认识到可以通过类似的符号来记录事物，于是创制了文字。按，文字是一个复杂而丰富的系统，自然不会是以一人之力，独立创造出来的。目前，我国考古工作者已经在多处新石器时代晚期的遗

址中发现了不少刻画在陶器等载体上的符号,这些刻符(或称"陶文")可能是我国上古时期不同地区各自的文字起源。

②虞(yú)卿著书:虞卿,战国时的游说之士,曾做赵国的上卿。据《史记·平原君虞卿列传》,虞卿因为保护魏齐之故,抛弃了赵国的相位,困居在魏国,很不得意,于是著书八篇,称为《虞氏春秋》。按,据《史记·范雎蔡泽列传》的说法,魏齐,做魏国的相国时,曾疑范雎私下向齐国通报魏国的秘密,几乎将范雎打死。范雎逃生后,改名张禄,入秦为相,向魏国索取魏齐的人头。魏齐先逃到赵国,向平原君求救,后平原君被秦国骗去扣押,魏齐又向虞卿求救。虞卿知道事不可为,遂解相印,与魏齐间行入魏,欲因信陵君以入楚,事不成,魏齐乃自杀。虞卿盖因魏齐自杀,入楚不成,又不能归赵,所以才流落在魏国。

③班姬(jī)辞辇(niǎn):班姬,即班婕妤(前48—2),西汉人,汉成帝的妃子,古代著名的才女。据《汉书·外戚传》,班婕妤一度非常受汉成帝宠爱。成帝在后宫游玩,让班婕妤上自己的车,班婕妤说:"我看过古代的图画,圣贤君主身边都是名臣,只有亡国之君身边画的才是嫔妃。我和您如果同辇,是不是和后一种情况有些像呢?"成帝认为她说得好,就打消了念头。后来赵皇后姐妹得宠,排斥班婕妤,班婕妤自请供养太后于长信宫,得以免祸。

④冯诞同舆(yú):冯诞(467—495),北魏大臣。据《魏书·外戚传》,冯诞十几岁时进宫和魏孝文帝做伴读书,后来又娶了孝文帝的妹妹乐安公主,历任高官。他虽然没有学问,但性情敦厚恭敬,与同年出生的孝文帝情谊深厚,连孝文帝的弟弟彭城王元勰、北海王元详,也不如他和孝文帝亲近。孝文帝甚至和他同车出行、同桌吃饭、同席坐卧,恩宠达到极点。

【译文】

传说仓颉审视鸟兽蹄迹,受其启发,发明了文字;虞卿为救魏齐,轻弃相位,后来生活困窘,遂著《虞氏春秋》。班婕妤虽受汉成帝宠爱,依然谨慎退避,不敢与成帝同乘一辇;冯诞与魏孝文帝关系亲近,两人同舆而载,同案而食,同席坐卧。

七虞

西山精卫①,东海麻姑②。楚英信佛③,秦政坑儒④。

【注释】

①西山精卫:精卫,传说中的一种鸟。据《山海经·北山经》,发鸠之山有一种鸟叫精卫,和乌鸦的样子差不多,头上有花纹,白嘴红脚,叫声就是"精卫"。精卫是炎帝的小女儿女娃在东海游玩时溺死后变成的鸟,经常衔着西山的树枝和石块去填东海。

②东海麻姑:麻姑,传说中的女仙。据《神仙传·王方平》,王方平到吴人蔡经家,派人请来麻姑。麻姑的长相如同十八九岁的美女,手上的指甲像鸟爪一样,容貌美丽,不可形容,她自己说:"自认识王方平以来,曾经三度看见东海变成桑田,前不久到蓬莱,看到海水又比过去浅了差不多一半,是不是又要化为陆地了?"古时多以麻姑比喻高寿。

③楚英信佛:楚英,即汉光武帝的儿子刘英(?—71),被封为楚王。据《后汉书·光武十王列传》,刘英喜好黄老之学,按照佛家的要求吃斋祭祀。永平八年(65),汉明帝要求天下有死罪的人交纳缣帛赎罪,刘英交纳缣帛三十四,赎免自己就封以来的罪孽。汉明帝下诏说:"楚王读黄老的精微之言,崇尚佛家的慈悲思想,吃斋三个月,在神前发誓,能有什么不法的行为呢?把楚王所交的缣帛归还回去,用这笔钱帮助他给佛教信徒准备饭食。"按,当时佛教刚传入我国不久,传教者以佛教思想比附原已传播甚广的黄老之学,以求传教便利。在一般信徒和局外人看来,佛教与黄

老似乎是一回事，故刘英因喜黄老之学而信佛，汉明帝在诏书中也将黄老与佛教相提并论。

④秦政坑儒：秦政，即秦始皇（前259—前210），嬴姓，名政。坑，埋。据《史记·秦始皇本纪》，秦始皇命方士为他求仙人、仙药，方士侯生、卢生等久而无功，害怕被秦始皇追究责任，于是私下商量："始皇天性刚戾自用，乐以刑杀为威，天下畏罪持禄，莫敢尽忠。贪于权势如此，不可为他求仙药。"下定决心后，两人就赶紧逃亡了。始皇闻知大怒，以方士徒劳无功，且出言诽谤，派遣官吏审问在咸阳的文学方术之士，看看究竟哪些人有妖言惑众或诽谤的行为。受审的儒生互相告发，牵连了四百六十多人。最终，犯禁者都被下令坑杀。

【译文】

传说精卫鸟是炎帝的女儿溺水身亡后变成的，故会衔西山的树枝石块去填东海；麻姑据说是一位女仙，曾三度看见东海变成桑田。楚王刘英喜好黄老之学，由此信奉佛教；秦始皇让方士为他求仙，方士逃亡，始皇大怒，遂坑杀在咸阳的文学方术之士，其中很多人是儒生。

曹公多智①，颜子非愚②。伍员覆楚③，勾践灭吴④。

【注释】

①曹公多智：曹公，即曹操（155—220），东汉末的军阀，也是古代著名军事家、政治家、文学家。他迎汉献帝于许，挟天子以令诸侯，逐渐消灭了北方的各大割据势力，实现了局部地区的统一。死后，其子曹丕篡夺汉朝，建立曹魏王朝，追尊曹操为魏武帝。据《三国志·魏书·武帝纪》裴注引王沈《魏书》，曹操征讨马超时，和敌将韩遂等人在阵前谈话，马超军中的关中人及少数民族成员都来围观，挤在一起，前后重叠。曹操见状，笑着对他们说：

"你们想看曹公长什么样吗？我也跟常人长得一样，没有长四只眼睛两张嘴，不过就是比一般人更聪明罢了。"

②颜子非愚：颜子（前521—前481），即孔子的弟子颜回，字子渊，又称颜渊，是孔门"四科（德行、言语、政事、文学）十哲"之一。据《论语·为政》，孔子说："我和颜回说话，说一整天他也不会提出不同的意见，看起来似乎是很愚笨的人。然而考察他私下的言论，足以对我的思想进行发挥，颜回并不愚笨啊。"按，颜回在孔门弟子中以德行著称，但据《论语·公冶长》，孔子曾与另一弟子子贡谈论颜回，子贡认为颜回能闻一知十，自己只能闻一知二，远远不及，孔子也赞同他，并认为在这一方面，自己也不如颜回。据此，则颜回在学问方面也当有独到之处。

③伍员覆楚：伍员（前559—前484），字子胥，春秋时楚国人，后投奔吴国。覆，倾覆，灭亡。据《史记·伍子胥列传》，伍员的全家被楚平王杀害，于是他逃到吴国，被任用为吴国的重臣。后来吴国伐楚，攻进楚国的国都，当时楚平王已经去世，伍员挖开他的坟墓，鞭打他的尸体三百下，报了灭门之仇。伍员与申包胥是好友，当初出奔时，对申包胥说："我必覆楚。"后来果践其言。

④勾践灭吴：勾践（约前520—前464），春秋末期越国的王。据《史记·越王勾践世家》，勾践被吴国打败，被迫到吴国做吴王的仆人，由于侍奉吴王非常用心，得以回国。归国后，勾践睡在柴草上，每天舔尝苦胆，以示不忘在吴国的困苦，同时任用贤臣，发展国力，终于灭掉吴国。

【译文】

曹操面对敌军围观，自称和常人并无二致，只是多智罢了；颜回听孔子讲课，一整天也不会提出不同意见，但他其实能够阐发老师的思想，因此孔子说他并不愚笨。伍员为被楚平王杀害的家人报仇，立下"必覆楚"的誓言，投奔吴国，后来攻克楚国都城，掘楚王墓，鞭尸泄愤；

勾践被吴国打败,卧薪尝胆,励精图治,最终灭掉吴国,继而称霸。

君谟龙片^①,王肃酪奴^②。蔡衡辨凤^③,义府题乌^④。

【注释】

①君谟(mó)龙片:君谟,即蔡襄(1012—1067)。龙片,即龙团,宋代所制的一种茶饼。据《归田录》,福建产的茶中,龙凤团茶最为上品,八枚茶饼共重一斤。宋仁宗庆历年间,蔡襄出任福建转运使,制造小片龙茶进奉,二十枚茶饼一斤,谓之小龙团,其价值金二两,然而金可有而茶不可得。唯南郊斋戒时,中书门下及枢密院往往各获赐一饼,则宰执共分之。宫人剪金箔为花,贴于小龙团之上,以示其物之贵重。

②王肃酪(lào)奴:王肃(464—501),原为南齐官员。后因父亲被杀,投奔北魏,为魏孝文帝改革制度的重要参谋。酪,即酪浆,用牛羊奶制作的一种饮品。据《洛阳伽蓝记》,王肃刚到北魏时,不吃羊肉、酪浆等北方常见的食物,喜欢吃鲫鱼羹,渴了就喝茶,北人对此都感觉奇怪。过了几年,王肃习惯北方食物了,在宫廷宴会上评论南北饮食说:"羊肉是大国风味,鱼是小邦菜肴;至于茶,还不够给酪浆做奴仆。"于是魏孝文帝的弟弟元勰与王肃开玩笑说:"明天你来我家,我请你吃小邦的菜,也有酪奴。"从此"酪奴"就成了茶的代称。

③蔡衡辨凤:蔡衡,东汉官员。辨凤,分辨是否为凤鸟。据《太平御览·羽族部三·鸾》引《决录注(按,指〈三辅决录〉挚虞注)》,东汉初,华阴县(今陕西华阴)出现了一种鸟,高五尺,头像鸡,下颌像燕子,脖子像蛇,尾巴像鱼,身上披着五色的羽毛,青色羽毛最多,停留在儒者辛缮家中的槐树上,旬日不去。地方官把这件事报告给朝廷,光武帝问群臣这是什么鸟,都说是凤,只有太史令

蔡衡说："与凤类似的鸟有五种,红羽毛多的是凤,黄羽毛多的是鹓雏,青羽毛多的是鸾,紫羽毛多的是鹓𪆻,白羽毛多的是鸿鹄。此鸟以青羽毛为最多,应该是鸾,不是凤。"

④义府题乌:义府,即李义府(614—666),唐代大臣。题乌,以乌鸦为题作诗。据《大唐新语》,李义府获得李大亮、刘洎等朝臣推荐,朝见唐太宗,太宗让他作一首以乌鸦为题的诗。李义府写道:"日里飏朝彩,琴中伴夜啼。上林许多树,不借一枝栖。"太宗非常赏识他的才华,说:"我把整棵树都借给你,何止一枝?"于是将李义府自门下典仪(掌殿上赞唱的小官)越级提拔为监察御史。

【译文】

蔡襄在福建任职时,创制小片龙茶,进贡给皇帝,为当时所重;王肃自南齐投奔北魏,习惯北方饮食后,说茶不足为酪浆做奴。蔡衡为太史令,华阴出现奇鸟,朝臣皆谓之凤,蔡衡辨以为鸾;李义府受荐举,试以乌鸦为题作诗,获得唐太宗的越级提拔。

苏秦刺股①,李勣焚须②。介诚狂直③,端不糊涂④。

【注释】

①苏秦刺股:苏秦,战国时辩士。曾游说六国联合抗秦。据《战国策》,苏秦出去游说各国,几年都没有成效,很狼狈地回到家中,亲人都看不起他。苏秦不肯放弃,认真阅读《太公阴符》,读书读到要睡着的时候,就用铁锥扎自己的大腿,血从大腿一直流到脚上。就这样读了一年书,又去游说赵王,赵王被苏秦的言论打动,封他为武安君,赏赐了很多财物。苏秦又去游说其他各国共同抗秦,于是得以佩六国相印,掌握大权。

②李勣(jī)焚须:李勣(594—669),唐代大臣、名将。据《隋唐嘉话》,李勣即使做了宰相,当姐姐生病时,还是亲自下厨为姐姐煮粥,经

常烧到胡须。他的姐姐说："家里的仆人多得是,你何必这么辛苦自己呢?"李勣说:"我下厨难道是因为家里没人干活吗? 姐姐年老,我也年老,即使再想多给姐姐煮几次粥,还能煮多久呢?"

③介诚狂直:介,即唐介(1010—1069),北宋官员。狂直,狂放而直率。据《东轩笔录》,唐介做谏官时,劝谏宋仁宗不要破格任用外戚张尧佐(张贵妃伯父),宋仁宗推诿系宰相拟用,于是唐介又弹劾宰相文彦博,言辞激烈,无所回避,宋仁宗被唐介的话所激怒,朝臣都为唐介担忧。蔡襄向宋仁宗求情,说道:"唐介确实狂放直率,但纳谏是君王的美德,希望您能够饶恕他。"宋仁宗接受了蔡襄的意见,将唐介贬为春州(今广东阳春)别驾,次日又改为英州(今广东英德)别驾。

④端不糊涂:端,即吕端(935—1000),北宋大臣。据《宋名臣言行录》,宋太宗想要任用吕端做宰相,有人说:"吕端糊涂。"太宗说:"吕端小事糊涂,大事不糊涂。"最终还是任命吕端为相。按,后来太宗去世,宦官王继恩欲黜太子赵恒,扶立太宗长子赵元佐,吕端坚决不同意,将王继恩锁在阁内,并向太宗之妻李皇后据理力争,太子始得继位,是为宋真宗,则吕端确有"不糊涂"的一面。

【译文】

苏秦落魄时,勤奋读书,以锥子刺大腿提神;李勣虽年老,仍为姐姐下厨煮粥,虽烧了胡须也不停止。唐介劝谏宋仁宗,弹劾文彦博,言辞激烈,时称狂直;宋太宗要用吕端为宰相,有人说吕端糊涂不足为相,太宗却说吕端"大事不糊涂"。

关西孔子①,江左夷吾②。赵抃携鹤③,张翰思鲈④。

【注释】

①关西孔子:关西,陕西函谷关或潼关以西的地区。据《后汉书·杨

震传》，东汉大臣杨震（？—124）自幼好学，除了向桓郁学习《欧阳尚书》之外，还广读其他书籍，几乎没有他不通晓的知识，时人为之语曰"关西孔子杨伯起"。按，伯起是杨震的字。杨震是华阴人，地属关西，且五十岁前一直不接受州郡的征聘，客居湖城（今河南灵宝），聚徒讲学，其学其行有类孔子，故时人以此表示对他的赞美。

② 江左夷吾：江左，即江东，因该地区在长江左岸而得名。夷吾，即管仲（约前723—前645），春秋时期齐国的执政重臣，辅佐齐桓公称霸。据《世说新语·言语》，东晋大臣温峤刚到江东时，对时局充满忧虑。等到与重臣王导见面以后，他对王导的才能和行事作风有所了解了，就很高兴地说："江左自有管仲一类的人物，我还有什么可担忧的？"按，王导在西晋之末，力赞时为琅邪王的晋元帝过江，元帝出镇扬州后，王导又为他收揽人才，使江东的各派势力都为元帝所用，故温峤比之为"九合诸侯，一匡天下"的管仲。

③ 赵抃（biàn）携鹤：赵抃（1008—1084），北宋大臣。据《名臣碑传琬琰集·赵清献公抃爱直之碑》，赵抃以龙图阁直学士知成都府，以宽治蜀，蜀人安之。当时有妖祀聚众为不法的案件，赵抃明察案情，仅处罚首犯，对其余卷入案件的人均予释放，当地百姓更加敬爱他。宋神宗即位后，召赵抃回京知谏院任谏官，对他说："听说你到成都赴任时匹马入蜀，只带一琴一鹤，政策宽松平和，也能任谏官吗？"

④ 张翰思鲈（lú）：张翰，西晋文人、官员。据《世说新语·识鉴》，张翰做齐王司马冏的东曹掾，在洛阳任职，到秋天时，忽然想念家乡吴郡（今江苏苏州）的鲈鱼脍和莼菜羹，说："人生也不过寻求自在而已，何必到几千里外做官呢？"于是就直接驾车回家了。不久，齐王在政治斗争中失败，当时人都称赞张翰有先见之明。按，当时西晋正处于所谓"八王之乱"时期，诸侯王互相攻击，政局黑暗混乱，故张翰以思乡为借口，去官还乡。

【译文】

杨震博学多识,常年授徒讲学,被誉为"关西孔子";王导为晋元帝在江东奠定政治基础,温峤赞以"江左自有管夷吾"。赵抃奉命知成都府,不仅入蜀时只以一琴一鹤自随,而且治民也崇尚简易;张翰在洛阳为官,目击当时政坛乱象,便托言思念家乡的莼菜羹与鲈鱼脍,脱身而去。

李佳国士^①,聂悯田夫^②。善讴王豹^③,直笔董狐^④。

【注释】

①李佳国士:李,即李膺(110—169),东汉官员、名士。国士,一国中的杰出人才。据《太平广记·名贤》引殷芸《小说》,李膺同县人聂季宝家世贫寒,不敢寻求李膺为自己作评价,但杜周甫(按,即杜密,东汉官员、名士,与李膺齐名)知道聂季宝不是旁人所能评定的,就告诉李膺,叫聂季宝来见面。因身份卑贱,聂季宝只能坐在墙根下的牛衣上,但一与李膺交谈,李膺就说:"这个人将来一定能成为国士。"后来果如所言。

②聂悯(mín)田夫:聂,即聂夷中(837—约884),唐代诗人。田夫,农夫。聂夷中有一首《伤田家》诗:"二月卖新丝,五月粜新谷。医得眼前疮,剜却心头肉。我愿君王心,化作光明烛。不照绮罗筵,遍照逃亡屋。"表达了他对当时遭受残酷剥削的农民阶级的同情,以及盼望统治者减轻剥削的心愿。

③善讴王豹:善讴,善于歌唱。王豹,春秋时期的歌唱家。据《孟子·告子下》,孟子与淳于髡辩论,淳于髡说:"以前王豹住在淇水岸边,河西一带都受他感染而善于唱歌。有才能的人,一定能表现出来。做了事情却没有表现的,我还未曾见过。如果没有表现,那就是没有贤者。有的话,我一定会知道。"孟子回答道:"孔子做鲁国的大司寇,鲁君不任用他,后来参与祭祀,鲁君不送

祭祀用过的肉给他，孔子还穿着礼服就出奔了。不了解他的人
以为是为了祭肉，了解他的人才知道是因为君主无礼。圣人做
事，不是一般人所能理解的。"

④直笔董狐：直笔，形容记事不加隐讳。董狐，春秋时晋国史官。
据《左传·宣公二年》，晋灵公想要杀正卿赵盾，赵盾被迫出奔，
但他的侄子赵穿刺杀了灵公，又迎赵盾回国执政。董狐身为太
史，在史册上书写："赵盾弑其君。"并宣示于朝堂。赵盾说："不
是我做的。"董狐说："你身为正卿，出奔不越过国境，回来不讨伐
叛贼，弑君的不是你又是谁呢？"孔子称赞道："董狐是古代的良
史，坚持原则记载史事，而不为赵盾隐讳。"

【译文】

　　杜密向李膺推荐聂季宝，李膺与他交谈后，认为他一定能成为国
士；聂夷中怜悯农夫，写下《伤田家》的诗。孟子与淳于髡辩论，淳于髡
以王豹善于歌唱，河西的人民都被他带动为例，认为贤者必然会有所表
现；晋灵公要杀赵盾，反而被赵盾侄子赵穿所杀，太史董狐记载赵盾弑
君，孔子赞赏他能够秉笔直书。

　　赵鼎倔强①，朱穆专愚②。张侯化石③，孟守还珠④。

【注释】

①赵鼎倔强（jiàng）：赵鼎（1085—1147），南宋大臣。倔强，刚强不
屈。据《宋史·赵鼎传》，赵鼎为秦桧所排挤，被迫辞去宰相之位，
先后出知绍兴府、泉州，累贬漳州、潮州安置。在潮州困居五年，又
被移送吉阳军（今海南三亚）居住。到吉阳后，赵鼎向朝廷奏上谢
恩的表章，其中有"白首何归，怅余生之无几；丹心未泯，誓九死以
不移"的句子。谢表送到朝廷，秦桧看了说："这老先生还像以前
一样倔强。"后来秦桧进一步迫害赵鼎，让吉阳军的地方官每月申

奏赵鼎存亡状况，赵鼎知道秦桧一定要害他，就绝食自尽了。

②朱穆专愚：朱穆（100—163），东汉官员。专愚，用心专一而不懂人情世故。据《后汉书·朱穆传》，朱穆读书时，心思都在学业上，有时想到一个问题，连自己的帽子掉了都不知道，还曾经走路掉进坑里。他的父亲觉得这个孩子"专愚"，可能连马有几条腿都数不清，但朱穆在学业方面更加专心，后来被评价为"兼资文武，海内奇士"，累官冀州刺史、尚书。

③张侯化石：张侯，即张颢，东汉大臣。据《博物志》，太尉张颢做梁相（梁国的国相，梁，汉代诸侯王封国，在今河南商丘）时，一天雨后，有一只像山鹊的鸟在空中越飞越低，逐渐接近地面。百姓把它打下来后，鸟就变成一块圆石头。张颢把石头破开，里面有一颗金印，上面写着"忠孝侯印"。张颢把这件事报告上去，印也收藏在国库里。议郎樊行夷在东观（东汉的国家藏书之处）校书，上表说，尧舜时曾经有"忠孝侯"这个官职，既然现在得到此印，可以复置其官。按，"侯"之成为一种爵位（或云"尊称"），大概要在商周时期，"忠孝侯"云云，尧舜时必无此官，应属附会。

④孟守还珠：孟守，即孟尝，东汉官员。据《后汉书·循吏列传》，孟尝任合浦（今广西合浦）太守，当地海里产珍珠，但由于前任的太守以及所属各县的县令都很贪婪，不停地派人到海里采珠，产珠的蚌类因而都移到了交趾郡（今越南北部）界内。孟尝到任后，停止了过去的错误做法，为百姓除弊兴利，过了不到一年，据说蚌类又都回来了。按，古人认为珠蚌因前太守的贪婪而迁徙，因孟尝的德政而回归，是受天人感应的思想影响，其实珠蚌是因前任太守、县令们过度驱使百姓捕捞而造成种群数量下降，但还没有灭绝，孟尝到任后，降低了捕捞频率，蚌类种群就慢慢恢复了。

【译文】

赵鼎被贬到吉阳，上表自称"丹心未泯，誓九死以不移"，秦桧说他

"倔强犹昔";朱穆专心学业,走路都曾经掉进坑里,父亲认为他是书呆子,但终以勤学成名。张颢做梁相时,市人捕得一鸟,化成圆石,石头破开后里面有一颗"忠孝侯"金印,遂收藏在国库里;孟尝做合浦太守,禁止滥捕蚌类采珠,勤修德政,海中蚌类大增,古人认为是之前逃到其他地方的珠蚌又回来了。

毛遂脱颖①,终军弃繻②。佐卿化鹤③,次仲为乌④。

【注释】

①毛遂脱颖(yǐng):毛遂,战国时赵国人,平原君的门客。脱,露出。颖,锥子末端的环。据《史记·平原君虞卿列传》,平原君去楚国求援,要从门客中选拔二十个文武双全的人做随从,毛遂主动要求同行。平原君说:"我听说有能力的人在世上生活,就像把锥子放在袋子里一样,很快就能露出锥尖。你在我这里三年,看不出什么长处,还是算了吧。"毛遂说:"我今天才请求您把我放在袋子里,如果早跟您要求的话,连锥子末端的环都能露出来,何况是锥尖呢?"后来毛遂随平原君到楚国,在向楚王求援的过程中发挥了重要的作用。

②终军弃繻(xū):终军(?—前112),西汉官员。繻,本指细密的彩色织品,这里指帛制的关卡出入凭证。据《汉书·终军传》,终军被选拔为博士弟子(按,汉代选拔通经的年轻人,随博士学习,学成可以任官。博士,汉代官学的教师),步行入关,把守函谷关的官吏给他一张繻。终军问这是什么,关吏说:"这是你回来时乘坐官府马车的凭证。"终军说:"大丈夫西行,绝不能再乘官府马车回来(意为要在长安做上官,有自己的车子)。"就把繻扔掉了。终军在长安得到汉武帝赏识,被任命为谒者,巡视关东各郡,从函谷关经过,关吏还记得他,说:"这就是当年扔掉繻

的那位儒生啊。"

③佐卿化鹤：佐卿，即徐佐卿，唐代道士。据《太平广记·神仙三十六》引《广德神异录》，唐玄宗在沙苑打猎，射中一只鹤，鹤向西南飞走了。当时青城山有个道士叫徐佐卿，对弟子说："我在山中行走，偶然中箭。这箭不是人间所有，我把它挂在墙上，你们等到箭主到这里，就把箭还给他。"两年后，唐玄宗因安史之乱逃到蜀中，发现这支箭就是自己在沙苑射鹤所用，于是把箭收回珍藏，至于徐佐卿的踪迹，就再也没有人知道了。

④次仲为乌：次仲，即王次仲，秦代人。据《太平广记·神仙五》引《仙传拾遗》，王次仲隐居在山中，以篆书为基础创造出隶书。秦始皇统一天下后，认为王次仲创造新字体有功，就派出使者召他入朝，王次仲拒绝了，秦始皇又派出一个使者，对使者说："王次仲如果不来，就斩了他的头带回来。"使者到了山中宣读诏令，王次仲变成一只大乌鸦，振翅飞了起来，使者大惊，跪拜说："我没法复命，回去难逃一死，希望您怜悯我。"王次仲于是脱落下三根羽毛，交给使者复命。

【译文】

毛遂自请随平原君出使，以"锥处囊中"为喻，说自己若早得任用，必能"脱颖而出"；终军被选拔到长安学习，立志要担任官职后再出函谷关，就将关吏给他的关卡出入证抛弃了。徐佐卿化身为鹤，被唐玄宗射中；王次仲被秦始皇征召，不肯前往，化成乌鸦飞走了。

韦述杞梓①，卢植楷模②。士衡黄耳③，子寿飞奴④。

【注释】

①韦述杞梓（qǐ zǐ）：韦述（？—757），唐代大臣、史学家。杞梓，杞树和梓树，皆为良木，比喻有用的人材，这里指兄弟。据《白孔六

帖》，韦述精于礼学（研究《仪礼》《礼记》《周礼》的学问），他的两个弟弟韦迪、韦迪学问也很好，兄弟三人同居礼官（掌管礼制的官员）之任，当时士大夫都认为这是很光荣的事。同时代人赵冬曦兄弟也都有名望，宰相张说评价道："韦赵兄弟，人之杞梓。"

②卢植楷模：卢植（？—192），东汉名臣。楷模，值得学习的人或事物。据《后汉书·卢植传》，曹操北征柳城，路过卢植故乡涿郡（今河北涿州），下令说："已去世的北中郎将卢植，名声显扬于海内，学问堪称儒家宗师，是士大夫的楷模、国家的栋梁。以前周武王灭殷，封商容之闾；郑国死了子产这样的贤臣，孔子为之哭泣。我到此地，赞赏卢植的遗风。《春秋》之义，贤者之后，宜有殊礼。赶紧派遣丞掾修整其坟墓，存问其子孙，并以薄酒致祭其墓，以表彰他的德行。"

③士衡黄耳：士衡，即陆机（261—303），西晋文学家。黄耳，狗名。据《述异记》，陆机在故乡吴郡时，有人送给他一条叫黄耳的狗。到洛阳做官后，陆机对黄耳说："我和家里很久不通信了，你能回去给我送信吗？"狗摇着尾巴叫了几声，表示同意，陆机就把写好的信放在竹筒里，捆在黄耳脖子上。黄耳自己找路往南走，果然把信送到吴郡的陆家，又带了回信回到洛阳。

④子寿飞奴：子寿，即张九龄（673或678—740），唐代开元名相、文学家。飞奴，此处指信鸽。据《开元天宝遗事》，张九龄少年时，家里养了一群鸽子。张九龄每当需要给亲友送信时，就把信系在鸽子腿上，鸽子自然会把信送到相应的人家。因为鸽子很听话，张九龄就将它们称之为"飞奴"。当时的人听说此事，又喜爱这些鸽子，又都觉得惊讶。

【译文】

韦述兄弟同为礼官，与赵冬曦兄弟齐名，被张说评为"人之杞梓"；卢植为东汉名臣，曹操称之为"士之楷模"。陆机在洛阳做官时，让自己养的狗"黄耳"给家里送信,黄耳把信送回吴郡,又带信回到洛阳;张九龄年少时养鸽子给亲友送信,鸽子按所要求的地址一一送到,号称"飞奴"。

直笔吴兢①,公议袁枢②。陈胜辍锸③,介子弃觚④。

【注释】

①直笔吴兢(jīng):吴兢(670—749),唐代官员,曾任史官。据《新唐书·吴兢传》,吴兢与刘知几撰写记载武则天执政时期史事的《实录》,其中有武后宠臣张昌宗威胁利诱张说为他作伪证、诬陷宰相魏元忠一事,称:"张说最初已经答应,后来幸赖宋璟等人苦劝,故转祸为忠。"后来张说任宰相,看到《实录》,颇觉不满,但又不好直斥吴兢,遂对吴兢说:"刘知几记载魏元忠之事,一点儿也不客气,怎么办呢?"吴兢明白张说的意思,遂回答道:"刘知几已经去世,不可受诬于地下。这一段是我写的,如今草稿还在。"听到的人都感叹吴兢的正直。后来张说屡次要以情打动吴兢修改《实录》,吴兢说:"如果看在您的情面上改写了,还叫什么'实录'?"时人都称吴兢为当代的董狐。

②公议袁枢(shū):公议,大众就某人某事形成的共同观点。袁枢(1131—1205),南宋官员、史学家。据《宋史·袁枢传》,袁枢在宋孝宗时任国史院编修官,负责撰修国史的列传部分。北宋大臣章惇的后人仗着与袁枢有同乡关系,希望袁枢在传记里替章惇说些好话。袁枢说:"章惇做宰相,对不起国家,又欺瞒君王。我做史官,有什么就写什么,宁可对不起同乡,不能对不起公议。"时任宰相的赵雄监修国史,知道这件事后,不禁感叹道:"袁枢无愧于古代的良史。"按,袁枢是建州建安(今福建建瓯)人,章惇是建州浦城(今福建浦城)人,故云章、袁两家是同乡。

③陈胜辍（chuò）锸（chā）：陈胜（？—前208），秦代人，反秦义军
领袖。字涉，故又称陈涉。辍，停止。锸，即铁锹，挖土的工具。
据《史记·陈涉世家》，陈胜年轻时，以替人耕田为生。他曾停
下耕种，走到田垄上，惆怅了很久，感叹道："苟富贵，毋相忘。"
同伴笑着说："你不过是个佃农，哪有富贵可言呢？"陈胜叹息道：
"嗟乎，燕雀安知鸿鹄之志哉！"后来陈胜在大泽乡首先反秦称
王，国号张楚，天下群起响应，点燃了秦末大起义的烈火，秦朝由
此而覆灭。

④介子弃觚（gū）：介子，即傅介子（？—前65），汉代官员，曾多次出
使西域。觚，古代写字用的木简。据《西京杂记》，傅介子十四岁
学书时，曾经把写字的木简扔到一旁，说："大丈夫当立功绝域，
何能坐事散儒（大丈夫应该到异国的土地上建功立业，怎么能做
一个普通的儒生呢）？"后来他杀了匈奴使者，被拜为中郎，又刺
杀楼兰王，得以被封为义阳侯。又据《汉书·傅介子传》，汉昭帝
时，楼兰、龟兹两国的国王常为匈奴截杀汉使，傅介子奉命巡行
西域，责问楼兰、龟兹两国，斩杀匈奴使者，回长安后上言，认为
两国反复无常，不可不加惩罚，并自请前往刺杀龟兹王。大将军
霍光以楼兰近而龟兹远，命傅介子试之于楼兰。傅介子奉命出
使，以金帛为饵诱引楼兰王见面，将其刺杀，从容返回汉朝。

【译文】

吴兢做史官，公正记载张说在魏元忠案中的表现，张说虽以情相
求，吴兢却毫不动摇，被誉为"当今董狐"；袁枢编修国史，主撰列传，章
惇后人请求袁枢看在同乡份上，在传中为章惇遮掩，为袁枢所拒绝。陈
胜年轻时以受雇耕田为生，曾停下耕作，对同伴感叹道："苟富贵，毋相
忘。"傅介子十四岁时，曾把练习写字的木觚扔掉，叹道："大丈夫当立功
绝域，何能坐事散儒。"

谢名蝴蝶^①，郑号鹧鸪^②。戴和书简^③，郑侠呈图^④。

【注释】

①谢名蝴蝶：谢，即谢逸（1068—1113），北宋诗人。据《诗话总龟》引《古今诗话》，谢逸曾作"蝴蝶诗"三百首，人们因此呼之为"谢蝴蝶"。所作诗中颇有佳句，如："狂随柳絮有时见，舞入梨花何处寻？"又曰："江天春晚暖风细，相逐卖花人过桥。"《古今诗话》的作者李颀认为，古诗中虽有"陌上斜飞去，花间倒翅回""身似何郎贪傅粉，心如韩寿爱偷香"的句子，但终究不如谢逸的诗句意境深远。

②郑号鹧鸪（zhè gū）：郑，即郑谷，唐代诗人。据《诗话总龟》引《古今诗话》，郑谷任都官郎中，曾作《鹧鸪诗》云："暖戏烟芜锦翼齐，品流应得近山鸡。雨昏青草湖边过，花落黄陵庙里啼。游子乍闻征袖湿，佳人才唱翠眉低。相呼相唤湘江曲，苦竹丛深春日西。"以此得享盛名，当时人称郑谷为"郑鹧鸪"。

③戴和书简：戴和，汉代人。据《云仙杂记》，戴和每结交到一个亲密的朋友，就把这个人的名字写在简册上，在先祖的灵位前焚香禀告。写有名字的简册被称为"金兰簿"，取"二人同心，其利断金；同心之言，其臭如兰"的意思。后世称结拜兄弟为"金兰之好"，即出此典。

④郑侠呈图：郑侠（1041—1119），宋代官员。据《宋史·郑侠传》，宋神宗熙宁六年（1073）七月至七年三月，河北路、京东路发生大规模饥荒，百姓流离失所。郑侠时为安上门（开封城门之一）的监门官，请画师把流民的苦楚之状画成《流民图》，与奏疏一起递交银台司，指责王安石力主推行的新法搜刮百姓，是天下流离的主要原因。宋神宗见到奏疏和图画，为之不寐，几罢新法。王安石上疏请求去职，出知江宁府，承担了饥荒的主要责任，吕惠卿、

邓绾等又纷纷劝谏神宗,才维持了变法继续推行的局面。

【译文】

　　谢逸作"蝴蝶诗"三百首,时人呼为"谢蝴蝶";郑谷作《鹧鸪诗》,得到"郑鹧鸪"的雅号。戴和结交到可以交心的朋友,就以简册书其名,在祖先灵位前禀告;郑侠目睹流民困苦,绘制《流民图》献给神宗,以此抨击王安石主导的熙宁变法。

瑕丘卖药①,邺令投巫②。冰山右相③,铜臭司徒④。

【注释】

①瑕(xiá)丘卖药:瑕丘,即瑕丘仲,古代仙人。据《列仙传》,瑕丘仲在宁地卖药百年,大家都以为他是个长寿老人。后来发生地震,瑕丘仲和邻居的房屋纷纷倒塌,他本人也被压死。有人贪图利益,就把瑕丘仲的尸体扔到河里,取了他的药自己卖。不久,瑕丘仲披着皮衣来找弃尸人索还药物,弃尸人吓得叩头哀求,瑕丘仲说:"可恨你让人知道我不是一般人,我走了。"后来瑕丘仲做了夫余(我国汉晋时期少数民族政权,在今吉林一带)国王的驿使,又来到宁地。当时北方人都说瑕丘仲大概是天上贬谪下来的仙人。

②邺(yè)令投巫:邺令,即西门豹,战国时魏国官员。据《史记·滑稽列传》,西门豹做邺县(今河北临漳)的地方长官时,得知当地豪强和巫婆勾结起来,以替河伯娶妻为由,每年要把一个女子扔到漳水中,还从民间搜刮大量的钱财。西门豹为制止这种行为,借口新娘长得丑,把巫婆与豪强投进漳水,从此邺地没有人再敢提为河伯娶妻的事情。

③冰山右相:冰山,大块的冰。右相,指杨国忠(? —756),唐代大臣。据《开元天宝遗事》,杨国忠做右相的时候,天下的士人都争着去拜见他,想要得到他的提拔与庇护。陕州进士张象以学识

渊博闻名远近，不肯依附杨国忠。有人劝张象去见杨国忠，说一旦得到杨国忠的赏识，就有富贵的希望。张象说："你们都倚靠杨国忠，把他当成泰山，我看他不过是冰山，一旦烈日当空，这座山要牵连你们的。"后来，张象离开京城前往嵩山隐居。"冰山难靠"的典故就流传下来了。

④铜臭（xiù）司徒：铜臭，铜的气味。司徒，指崔烈（？—192），东汉大臣。据《后汉书·崔烈传》，汉灵帝在位时，朝政腐败，官员升迁前必须向皇帝交纳巨额钱财，才能得到职位。崔烈本来名望很高，但以五百万钱通过汉灵帝的乳母买得三公之司徒职位，名誉因此而衰减。崔烈也颇不自安，问儿子崔钧："我做三公，外界有什么议论？"崔钧说："您年轻时就有很高的名望，又做过太守、九卿，没人说您不应该做三公，不过您升任司徒之后，倒是天下都觉得失望。"崔烈问何故如此，崔钧答道："议论的人都嫌您沾染了铜臭气。"

【译文】

瑕丘仲在宁地卖药百年，因地震而死，有人将他的尸体投入水中，窃取其药，不料瑕丘仲不久又重新复活；西门豹出任邺令，察知当地巫婆与豪强勾结牟利，遂投巫于河以警示。张象不愿依附杨国忠，称之为"冰山"，认为他会失势；崔烈以重金买得司徒职位，名誉顿减，被嫌弃有"铜臭"。

武陵渔父①，闽越樵夫②。渔人鹬蚌③，田父麑卢④。

【注释】

①武陵渔父（fǔ）：武陵，古代郡名。在今湖南常德一带。渔父，以打渔为生的人，渔夫。据《陶渊明集·桃花源记》，武陵郡的渔人捕鱼时沿着溪水中的桃花一路探寻源头，发现了一个山中的小村庄。村民过着自给自足的生活，不受外界战乱及政治变迁困

扰。后来渔人从村庄中离开，临别时村中人嘱咐他不要对外人说村中的情况，但渔人在归途上却一路留下记号，作为再来的依据。回到郡中后，渔人向太守禀报了自己的发现。太守派人跟着渔人去寻找这个村庄，却再也找不到了，因有此典故。后世遂以“桃花源”或“桃源”代称与现实社会隔绝的秘境。

②闽（mǐn）越樵（qiáo）夫：闽越，西汉时期古国名。在今福建与浙江南部一带，此处主要指福建。据南宋地方志《淳熙三山志》，唐代宗时，闽县（今福州闽侯）樵夫蓝超追一头白鹿，渡水进入石门，开始路很窄，后来突然宽阔，出现一个村庄。村中人对蓝超说：“我们是秦朝时避难来到这里的，你能不能留下呢？”蓝超说：“我想和亲友告别以后再来这里。”于是村民送给他一枝石榴花，让他离去。蓝超感觉像是做了个梦一样，再凭着记忆去寻找，已经找不到了。按，这个故事情节与《桃花源记》颇为相似，可能是桃源故事的一个变种。

③渔人鹬蚌（yù bàng）：鹬，一种水鸟。据《战国策·燕策》，赵国将伐燕，苏代替燕王去劝说赵王，他说：“我路过易水时，看到蚌打开壳晒太阳，鹬来啄蚌的肉，蚌合上壳，把鹬的嘴夹住。鹬和蚌互相钳制，谁也不肯放开谁，渔人一下子就把它们都捉住了。现在赵伐燕，两国长期相持，我怕秦国要做这个渔人啊。”

④田父㕙（jùn）卢：田父，农夫。㕙，即东郭㕙，兔子的名字。卢，即韩子卢，狗的名字。据《战国策·齐策》，齐国要攻打魏国，淳于髡对齐王说：“韩子卢是跑得最快的狗，东郭㕙是最狡猾的兔子。韩子卢追赶东郭㕙，绕山跑了三圈，从山上到山下又跑了五次，两者都累死了，农夫就轻易捡到了它们。齐魏相争，两国因而疲惫，我担心秦国和楚国会变成故事里的农夫啊。”

【译文】

武陵郡的渔人沿着溪水中的桃花一路往源头走，在山中发现了一个过着平安幸福生活的小村庄，离开后再去就找不到了；闽县的樵夫追赶白鹿，闯入石门之中，偶遇村庄，后来也无缘再往。鹬和蚌相争斗，被渔人双双抓住，苏代以此劝说赵王罢伐燕之师；东郭逡被韩子卢追赶，两者一起累死，被农夫捡了便宜，淳于髡以此劝说齐国不要攻打魏国。

郑家诗婢①，郗氏文奴②。

【注释】

①郑家诗婢（bì）：郑，指郑玄（127—200），东汉学者。诗婢，懂得《诗经》的婢女。据《世说新语·文学》，郑玄家中的奴婢都读书，郑玄的一个婢女做事没有做好，要责打她，婢女不服，替自己辩解。郑玄更加愤怒，让人把婢女拽到泥地里跪着。另一个婢女经过，问跪着的婢女："胡为乎泥中？"跪着的人回答："薄言往愬，逢彼之怒。"按，问答的两句话都出自《诗经》，"胡为乎泥中"见《邶风·式微》，"薄言往愬，逢彼之怒"见《邶风·柏舟》。郑玄家的婢女能熟练引用《诗经》中的句子表达自己的意思，无疑是对《诗经》非常熟悉的。

②郗（chī）氏文奴：郗，指郗愔（313—384），东晋大臣。文奴，会写文章的奴仆。据《世说新语·品藻》，郗愔家有一个奴仆，懂得文章，而且在各方面都很有想法。王羲之向刘惔称赞这个人，刘惔问："比起郗愔来怎么样？"王羲之说："不过是奴仆中比较有想法的一个人而已，怎么能跟郗愔相比。"刘惔说："如果比不上郗愔，那也就是一般的奴仆罢了。"按，王羲之之妻郗璿是郗愔的姐姐，王羲之与郗愔是郎舅之亲，故对郗家情况很熟悉。

【译文】

郑玄家的婢女能引用《诗经》表达自己的意思，郗愔家的奴仆会写文章。

卷二

【题解】

卷二共八个韵部，自"八齐"至"十五删"，为上平声的后八韵。

"八齐"韵共二十句，每句一典，共涉及二十个典故。"九佳"韵共十句，每句一典，涉及十个典故。"十灰"韵共二十八句，每句一典，共含二十八个典故。"十一真"韵共四十六句，每句一典，共有四十六个典故。"十二文"韵共十八句，每句一典，共十八个典故。"十三元"韵共二十八句，每句一典，共涉及二十八个典故。"十四寒"韵共五十二句，每句一典，共五十二个典故。"十五删"韵共二十句，每句一典，共二十个典故。

本卷八韵共二百二十二个典故，除取材于"二十四史"，还有《庄子》《韩非子》《吕氏春秋》《酉阳杂俎》等。内容包罗万象，除了我们熟悉的闻鸡起舞、庄生梦蝶、优孟衣冠等人物掌故，还包含很多历史文化常识，如麒麟阁功臣、云台二十八将、孔门十哲、殷室三仁、建安七子、大历十才子等，其主旨仍承上卷，仍以修德、立身为主，还涉及政治、军事、文艺等诸多主题。

八齐

子晋牧豕①，仙翁祝鸡②。武王归马③，裴度还犀④。

【注释】

①子晋牧豕（shǐ）：子晋，即商丘子晋，一作"商丘子胥"，汉代人。豕，猪。据《列仙传》，商丘子胥是高邑（今河北高邑）人，好牧猪吹竽，活到七十岁不娶妻，也没有老迈的迹象。本县的人认为他不平凡，就向他求道，他说自己只吃白术和菖蒲根，饮水，这样就能不感到饥饿，也不衰老。据说前后几代的人都曾经见过他，加起来总共三百多年。贵戚富家听说了，就仿效商丘子胥吃白术、菖蒲根，只喝水，但往往不到一年就懈怠下来，不能坚持。有人因此认为商丘子胥隐瞒了自己的长生之术。

②仙翁祝鸡：仙翁，即祝鸡翁，汉代人。祝，咒，这里指祝鸡翁能通过呼唤名字召唤所养的鸡。据《列仙传》，祝鸡翁是洛阳人，在尸乡（今河南偃师）北山下养鸡一百多年，鸡有千余只之多，每只都有自己的名字。这些鸡晚上住在树上，早晨分散到各处，如果祝鸡翁想要召唤哪只鸡，只要喊名字，鸡就循声而来。忽然有一天，祝鸡翁把鸡和所产的鸡蛋都卖掉，得钱千万，把钱留在当地，自己去吴郡挖池养鱼。再后来，祝鸡翁上了吴山，据说经常有几百只白鹤和孔雀簇拥在他的旁边。

③武王归马：武王，即周武王，西周王朝的第一代君主，他继承父亲周文王的基业，攻克商都朝歌，推翻了商纣王的统治。据《史记·周本纪》，周武王灭商后，把马都纵放到华山之阳（指华山以南的土地，古人称山南为阳），将牛都牧养到桃林之虚（今河南灵宝以西，古时是一片水草丰茂、方圆三百里的丛林），表示今后要停止征伐，致力于民政。按，商周时期的战争形式，是以车战为主的，故周武土将军马散放于华山以南，以示天下太平，兵戈无所用；放牛于桃林，则是因为古代以牛驾车运输，以放养牛群表示新王朝没有从民间聚敛财物的意愿。

④裴（péi）度还犀（xī）：裴度（765—839），唐代大臣。犀，指犀带，

用犀角装饰的腰带。据《唐摭言》，裴度未中进士前去算命，相士说他相貌与人不同，将来会饿死。之后裴度游香山寺，见一妇人将一件"缇褶"（本指色彩鲜明的衣服，这里指用衣服包起的包裹）挂在佛像周围的栏杆上，虔诚祈祷占卜后就离开了。裴度捡到包裹，追赶不及，一直等到晚上，也没有见到妇人，于是次日一早又到香山寺来。当时寺门刚刚打开，妇人就急匆匆地进来，看起来像是大祸临头的样子。裴度上前问她，她说："父亲无辜下狱，我借得两条玉带、一条犀带，价值千余贯钱，想请求要人为父亲免祸，不幸遗失在这里。现在父亲恐怕难免遭难了。"裴度反复询问后，确定包裹是妇人的，就将玉带、犀带一起还给她。妇人大感惊喜，要分一条给裴度以表感谢，裴度不顾而去。事后，相士再次见到裴度，说："你大概是做了什么积阴德的事情吧，以后必将前途万里。"后来裴度果然做到宰相。

【译文】

商丘子晋以牧猪为生，存世三百多年，时人以为仙人；祝鸡翁在尸乡养鸡，所养的鸡都有名字，呼名即至。周武王攻灭商纣王后，将军马放养在华山之阳，以示不再用武于天下；裴度未中进士时曾拾得犀带与玉带，归还失主，不受酬劳，后来官至宰相，人以为积德之报。

重耳霸晋[①]，小白兴齐[②]。景公禳彗[③]，窦俨占奎[④]。

【注释】

①重（chóng）耳霸晋：重耳，即晋文公（？—前628），春秋时期晋国国君。霸，成为霸主。据《史记·晋世家》，重耳是晋献公之子，献公晚年，诸子遭受疑忌，或自杀，或出奔。重耳率领一班家臣流亡在外，前后到过狄、卫、齐、曹、宋、郑、楚、秦等国，在外流亡十九年，后因秦穆公的支持，得以返国，从侄子手中夺取君位，是为晋文公。

晋文公即位后，曾与秦国一起救助被逐出王城的周襄王，又接受宋国的求援，在城濮（今山东鄄城西南）大破楚军，一战而称霸。

②小白兴齐：小白，即齐桓公（约前725—前643），春秋时期齐国国君。据《史记·齐太公世家》，小白是齐釐公（按，即齐僖公，司马迁之祖名喜，故避其嫌讳，改僖为釐）之子、齐襄公之弟。齐襄公在位时凶淫暴虐，诸弟畏祸出奔，小白逃亡到莒国（今山东莒县）。襄公被弑杀后，正卿高傒暗中向小白通风报信，使小白得以归国为君，是为齐桓公。齐桓公在位期间，任用管仲、鲍叔、隰朋、高傒等贤臣，内修善政，外张国威，尊周、盟鲁、救燕、复卫、伐楚，先后会盟诸侯十余次，中原地区的诸侯多对其俯首听命，史称"九合诸侯，一匡天下"，齐桓公因此成为春秋时期第一个霸主。

③景公禳（ráng）彗（huì）：景公，即齐景公（？—前490），春秋时期齐国国君。禳，祈祷消除灾祸。彗，彗星。据《史记·齐太公世家》，齐景公三十二年（前516），天空中出现彗星，景公坐在柏寝（台名）之上，叹息道："堂皇啊！以后谁会占有这里呢？"大夫晏婴讽刺道："您建高台，挖深池，收税唯恐不多，用刑唯恐不重，连客星都会因您的行为而出现，居然还会怕彗星吗？"景公问晏婴："可以用祈祷的办法消除灾祸吗？"晏婴说："神如果能靠祈祷招来的话，自然也可以靠祈祷赶走。国内数以万计的百姓都因受苦而怨恨，您让一个人为您祈祷，又怎么敌得过众人的祈祷？"按，客星即超新星，实际是巨型恒星进入衰亡期后发生剧烈爆炸、在观测中急剧变亮的一种天文现象，古人以为是出现了新的星辰，故视为君主、政令等将有剧变的征兆，彗星则被视为兵乱之兆。对统治者而言，君主、政令变易比境内有兵乱更为严重，故晏婴借天象抨击景公的施政，希望他能够有所改悔。

④窦俨（yǎn）占（zhān）奎（kuí）：窦俨（918—960），五代至宋初

官员。占，占卜。奎，奎宿，我国古代天文学中所称的星座，其星在西方天文学中分属仙女座、双鱼座。据《东都事略·窦俨传》（《宋史》本传略同），窦俨博学多闻，通音律、历数，卢多逊、杨徽之做谏官时，窦俨对他们说："丁卯年的时候，金、木、水、火、土五星将在奎宿的区域内相聚，从此天下太平。二位拾遗还可以看到，我看不到了。"到下一个丁卯年（宋太祖乾德五年，967），果然五星在奎宿相聚，此时宋先后消灭了荆南、后蜀等多个割据政权，即将统一中原，而窦俨已于宋太祖建隆元年（960）去世。按，奎宿在我国古代星占之学中视为天之府库，故窦俨以五星聚奎为吉兆。但《史记·天官书》张守节《正义》又说"五星犯奎"主"人主爽德，权臣擅命，不可禁者"，则又为一说矣。

【译文】

晋文公重耳在位时，辅助周王，救宋败楚，确立了晋国的霸业；齐桓公小白在位时，中原诸侯对其俯首听命，尊周王，攘楚国，成为春秋时期第一个霸主。齐景公在位时，彗星出现，晏婴讥刺景公，望其薄赋敛，崇俭朴，善待人民；窦俨预言金木水火土五星将在奎宿星区相聚，天下自此将太平，后来果然应验。

卓敬冯虎[①]，西巴释麑[②]。信陵捕鹞[③]，祖逖闻鸡[④]。

【注释】

①卓敬冯（píng）虎：卓敬（？—1402），明代官员。冯，通"凭"，凭借，依靠。据《涌幢小品》，卓敬十五岁时，在宝香山（山名。在今浙江瑞安）读书，晚上回家时偶然遇到暴风雨，山洪暴发，卓敬避水时迷失道路，到了山间一处小院，叩门请求暂且安身。院中有一自称"逍遥翁"的老人，原要留卓敬过夜，见他怕父母担忧，不愿留宿，就让他烤干衣服后，把家里的牛借给卓敬骑回家。卓敬

辞别老人，骑牛出林，牛就飞快地跑起来，一直把卓敬安稳地驮到家门口。等到卓敬叫醒家人，点起火把，要把牛牵进门时，牛忽然大吼一声，化成一只黑虎跑掉了。后来卓敬再去找老人的住处，也找不到了，只能看到老虎奔跑的足迹。大家都说，卓敬遇到的逍遥翁，就是北宋初期的诗人潘阆。

②西巴释麑（ní）：西巴，即秦西巴，战国时人。麑，小鹿。据《韩非子·说林》，孟孙打猎捉到一只小鹿，让家臣秦西巴送回家去烹饪，母鹿一路上跟着秦西巴哀叫，秦西巴很同情母鹿，于是将小鹿放生。孟孙回家后，索要小鹿，秦西巴说："我不忍心，就把它放了。"孟孙大怒，下令把秦西巴赶了出去，但三个月后又把他召回，并任命他做自己儿子的老师。孟孙的车夫不理解，就问："秦西巴不是有罪才被赶出去的吗？为什么又召他回来，做您儿子的老师呢？"孟孙答道："他对小鹿都怜悯，何况对我的儿子呢？"

③信陵捕鹞（yào）：信陵，即信陵君（？—前243），名无忌，魏昭王少子，魏安釐王的异母弟。据《列士传》，信陵君某次吃饭时，有一只斑鸠飞到他的桌案下面躲藏，信陵君看到一只鹞鹰正在屋上守候，于是一直把斑鸠留到鹞鹰飞去才放走，不料斑鸠还是被鹞鹰追上吃掉了。信陵君认为斑鸠向自己求救，自己却没能保护斑鸠，非常难过，于是命门客捕捉了三百多头鹞鹰，问它们："是谁得罪了我？"一头鹞鹰低头伏罪，信陵君就杀掉了它，而将其他鹞鹰放走。此后，信陵君仁慈的名声更加显赫，很多士人都投到他的门下。

④祖逖（tì）闻鸡：祖逖（266—321），东晋名将。据《晋书·祖逖传》，祖逖年轻时有大志，与好友刘琨一起担任司州主簿时，半夜听到鸡叫。祖逖正和刘琨同宿，就把刘琨踢醒，说："这不是坏的声音。"于是起而舞蹈以庆贺。东晋立国之初，祖逖受晋元帝司马睿之命，率兵北渡长江，与石勒相持，一度收复了黄河以南的大

片土地。按，古人认为半夜鸡叫是要发生战乱的预兆，而汉晋时人在宴会等社交场合，或表达喜悦情绪的时候，每起而舞蹈，故祖逖闻鸡鸣而起舞，是将鸡鸣视为天下将乱的征兆，欲乘势以起。所以《晋书·祖逖传》的"史臣曰"说："祖逖散谷周贫，闻鸡暗舞，思中原之燎火，幸天步之多艰，原其素怀，抑为贪乱者矣。"此事虽不无好事者编造的可能，但也反映了时人对祖逖的看法。《旧唐书·韩滉传》记董晋对宰相刘滋、齐映说："人心一摇，则有闻鸡起舞者矣。"可见在中唐人心目中，"闻鸡起舞"仍可与"趁机作乱"同义替换，并非佳典。今之通说以为祖逖闻鸡鸣，起而舞剑，意在自我砥砺，进而成为"发愤图强"的同义词，则或由于南宋人常借"闻鸡起舞"抒发恢复之志，典故寓意由此渐趋正面，后世又无舞蹈庆贺之俗，不知何时何人，遂将"起舞"曲解为壮怀激烈之"舞剑"，相沿至今而未改，此或可谓之"善意的曲解"。

【译文】

卓敬少年时在山中读书，夜间回家，借隐士老人家的牛骑行，到家才发现是老虎；秦西巴送主人捕获的小鹿回家，觉得母鹿可怜，就将小鹿释放。信陵君想要保护的斑鸠被鹞鹰吃掉，遂让门客搜捕鹞鹰，将吃掉斑鸠的鹞鹰杀死，其余的释放；祖逖半夜听到鸡叫，认为是天下大乱之兆，遂起舞以表庆贺。

赵苞弃母①，吴起杀妻②。陈平多辙③，李广成蹊④。

【注释】

①赵苞（bāo）弃母：赵苞（？—177），东汉官员。据《后汉书·独行列传》，赵苞担任辽西太守时，遣人迎接母亲、妻子到任所来，恰逢鲜卑人入侵，母亲、妻子被鲜卑人劫作人质。赵苞率步骑二万人与鲜卑人对阵，敌人以其母作为要挟。赵苞对母亲说："本来

想迎接母亲到郡中奉养，没想到反而给您带来灾难。我是国家的官员，不能考虑私人感情而败坏忠节。"母亲在对面答道："人各有命，你不能因为顾忌我的安危而不忠不义。从前王陵的母亲被项羽扣押，面对汉使伏剑自尽，以坚定儿子一心事汉的志向，你努力吧。"赵苞于是下令进攻鲜卑人，鲜卑人大败而逃，但是赵苞的母亲、妻子都因此遇害。战后，赵苞为母亲、妻子办完丧事，悲痛不已，也呕血而死。

②吴起杀妻：吴起（前440—前381），战国时军事家、政治家。据《史记·孙子吴起列传》，吴起在鲁国做官时，齐国伐鲁，鲁国想要任用他为大将抗齐，但由于吴起的妻子是齐国人，因此对吴起不能完全信任。吴起得知后，杀了自己的妻子，向鲁国表示忠诚。鲁国的国君见他作出这样的表示，就任用吴起为将，打败了齐军。然而据《韩非子·外储说右上》，吴起使其妻织组（一种丝织品），成品不合规格，吴起就休弃了妻子，其妻求她的兄长说情，兄长说："吴起是为国家立法的人，其法必须能在妻妾身上行使，才能用之于万民。你不要指望再回去了。"据此，则战国秦汉时期对于吴起夫妻的事情是有不同记载的。

③陈平多辙（zhé）：陈平（？—前178），西汉开国功臣。辙，车轮印。据《史记·陈丞相世家》，陈平年轻时家里很穷，同乡有个富人张负，在参加葬礼时见到陈平，觉得陈平相貌奇伟，于是跟着陈平回了家。陈平家住在城边的小巷里，用破席子当做门，但门外有很多老人所乘安车的车辙。张负认为陈平虽然家境贫寒，但能与长者交往，证明他有不凡之处，就把自己多次丧偶的孙女嫁给了他，陈平自此富有。

④李广成蹊（xī）：李广（？—前119），西汉名将。蹊，小路。据《史记·李将军列传》，司马迁说，李广平时看起来憨厚诚实，像是普通老百姓一样，也不擅长说话，但当李广自杀身亡后，天下的士

人无论与他素有相知还是从未来往，都为之尽情哀痛。这是因为李广的忠实诚恳已经得到了士大夫的认可，谚语说："桃李不言，下自成蹊。"桃树李树不会说话，但由于结的果子好吃，树下自然会被踩出一条路来。这谚语说的虽然是小事，却可以用来阐明大道理。

【译文】

赵苞为抵抗入侵的鲜卑人，放弃了被敌人劫为人质的母亲；吴起为向国君表示忠诚，获得领兵抗齐的机会，杀死了出身齐国的妻子。陈平虽然家贫，门外却多有长者的车辙，因此受到富人张负的看重；李广不善言辞，却受到举国士大夫的敬仰，司马迁用"桃李不言，下自成蹊"来比喻他。

烈裔刻虎①，温峤燃犀②。梁公驯雀③，茅容割鸡④。

【注释】

① 烈裔（yì）刻虎：烈裔，传说中的秦代工匠。据《拾遗记》，秦时有一名画工名叫烈裔，他把玉刻成百兽的样子，并在胸前刻上刻制的日期，但都不点眼睛。据说，如果他给玉兽点上眼睛，动物就会变活跑掉。秦始皇听说后不信，让烈裔用漆给两只玉虎各点上一只眼睛，以观其变。不想过了十天之后，老虎就不见了。次年，西方献来两只独眼白虎，秦始皇想到之前消失的玉虎，就命人将老虎刺死，检查其胸前，果然有烈裔所刻的年月在上面。

② 温峤（qiáo）燃犀（xī）：温峤（288—329），东晋大臣。据《晋书·温峤传》，温峤任江州刺史、都督江州诸军事时，经过牛渚（地名。在今安徽马鞍山），见江水深不可测，好奇水下是什么样子的，就命人点燃犀角，照着向水下望去，果然看到了很多水族怪物。晚上，温峤梦见有人来对他说："我们和您生活在两个世

界,您为什么要点起火来照出我们的样子呢?"温峤醒来后,心里很不舒服,不久便得病去世了。

③梁公驯雀:梁公,即狄仁杰,他去世后被追封为梁国公,故称。驯,顺服。据《白孔六帖·孝感》,狄仁杰刚开始居母丧时,有白鹊出现,鹊本是野生鸟类,却显得驯服柔顺,如同家养,时人认为这是上天被狄仁杰的孝行感动所致。按,"鹊""雀"二字,音同字异,或因此而误传为"雀"。又,张九龄居母丧时,有白鸠、白雀在其母亲墓旁树上做巢,也可能本书作者将此两事混而为一了。

④茅容割鸡:茅容,东汉人。割,宰杀。据《后汉书·郭太(泰)传》,郭泰在茅容家借宿,茅容早起杀鸡。郭泰当时已有盛名,以为茅容杀鸡是为了招待自己,不料茅容烹煮鸡肉给母亲吃,自己则和郭泰一起吃粗陋的饮食。郭泰认为茅容对母亲至为孝顺,道德高尚,就劝他读书求学。

【译文】

烈裔用玉刻成老虎,再给虎画上眼睛,玉虎就变成了真虎;温峤路过牛渚,点燃犀角以映照水下,看到许多奇形怪状的水族。狄仁杰居母丧时,有白鹊出现,且表现得非常温顺,时人以为受狄仁杰孝行所感;茅容杀鸡给母亲吃肉,自己与客人郭泰同食粗粝的饭食,被郭泰认为是孝子。

九佳

禹钧五桂①,王祐三槐②。同心向秀③,肖貌伯偕④。

【注释】

①禹钧五桂:禹钧,即窦禹钧,五代时人。据《类说·窦氏五龙》,五代时,窦禹钧的五个儿子窦仪、窦俨、窦侃、窦偁、窦僖自后晋至后周相继登第,号称"窦氏五龙"。时任宰相的冯道写了一首诗,赠

给窦禹钧,诗中写道:"燕山窦十郎,教子有义方。灵椿一株老,丹桂五枝芳。"按,窦禹钧是涿州范阳(今河北涿州)人,出身燕蓟之地,故冯道称之为"燕山窦十郎","十郎"是窦禹钧在家族中的排行。

② 王祐三槐:王祐(923—986),北宋初官员。据《石林燕语》,宋太祖时,有人告天雄军(今河北大名)节度使符彦卿谋叛,宋太祖将符彦卿徙为凤翔节度使,调王祐继知天雄军,命他调查符彦卿,并说:"如果能查实谋叛之事,就将赵普所居之位(指宰相)给你。"王祐到任后,察知符彦卿实无反情,将此事按下不问。太祖召问,王祐又力保符彦卿不反。太祖大为不悦,遂将王祐徙知襄州(今湖北襄阳),拜相之约也作罢。后来,王祐在自己府中种了三棵槐树,说:"我虽然不能做赵普,子孙却必有位至三公的。"到宋真宗时,王祐之子王旦果然为相十二年,官至太保。按,《周礼·秋官·朝士》:"朝士掌建邦外朝之法。……面三槐,三公位焉,州长众庶在其后。"故后世以"三槐"代指三公。

③ 同心向秀:同心,志同道合。向秀(约227—272),西晋文人、玄学家。据《晋书·向秀》,向秀与山涛、嵇康、吕安友善,曾和嵇康一起打铁,嵇康执锤,向秀做他的助手,旁若无人,又与吕安一起灌园种菜于故乡山阳(今河南焦作)。后来嵇康、吕安被害,向秀重过山阳,写下《思旧赋》怀念故友,称:"昔李斯之受罪兮,叹黄犬而长吟。悼嵇生之永辞兮,顾日影而弹琴。托运遇于领会兮,寄余命于寸阴。听鸣笛之慷慨兮,妙声绝而复寻。"

④ 肖貌伯偕(xié):肖貌,相貌相似。伯偕,即张伯偕,汉代人。据《太平御览·人事部·相似》引《风俗通》,张伯偕与弟弟张仲偕形貌相似,仲偕的妻子在灶下做饭,到井上取水,看见伯偕,以为是自己丈夫,就问他:"我今天化的妆好看吗?"伯偕说:"我是伯偕。"仲偕的妻子非常难为情。到晚间,伯偕去厕所,仲偕的妻子从背后拍他,说:"今天白天出了大错,把伯偕当成你了。"伯偕无

奈地答道:"我还是伯偕呀。"

【译文】

窦禹钧的五个儿子相继中进士,被冯道称赞为"丹桂五枝芳";王祐不肯诬陷符彦卿以求相位,在府中栽植三棵槐树以表志趣,而其子王旦终至宰相。向秀与嵇康、吕安志同道合,后嵇、吕被害,向秀写了《思旧赋》来怀念故友;张伯偕兄弟面貌极其相似,以致张伯偕被弟媳一天之中错认两次。

袁闳土室^①,羊侃水斋^②。敬之说好^③,郭讷言佳^④。

【注释】

①袁闳(hóng)土室:袁闳,东汉名士。据《后汉书·袁闳传》,汉桓帝延熹(158—167)末年,士大夫与宦官间的政治斗争逐渐激烈,而汝南袁氏又是当世第一流的高门。袁闳认识到时势的险恶,感觉到祸乱将至,想要披发入山,过隐居的生活,但又考虑到老母在世,不能远走高飞,于是就在院子里修建一座土屋,将自己关在里面,不设门户,食物都从窗户递进去。他每天早起在屋中向东方跪拜,替代对母亲的省问,当母亲思念袁闳时,就到土屋来看他,母亲离开,就把屋子又堵上,不与兄弟、妻子见面。这样的生活袁闳一直过了十八年,最终病死在土屋中。

②羊侃(kǎn)水斋:羊侃(496—549),南朝梁名将。斋,屋舍,通常指书房、学舍。据《梁书·羊侃传》,羊侃被任命为衡州(今湖南衡阳)刺史,去赴任时,把两条船并在一起,在其上建起通梁的三间房屋,称为水斋。羊侃用锦绣珠玉装饰房子内部,盛设帷屏,陈列女乐,在水上荡舟设宴,场面奢华,围观的人挤满了江岸。

③敬之说好:敬之,即杨敬之,唐代诗人。据《唐诗纪事》,项斯不出名的时候,去拜谒杨敬之。杨敬之读了他的诗后,对他很欣赏,

赠给他一首诗："几度见诗诗总好,及观标格过于诗。平生不解藏人善,到处逢人说项斯。"并为项斯揄扬声望,使之名满长安,遂中唐武宗会昌四年(844)进士,后人因而把"说项"作为替人说好话的代名词。按,杨敬之是唐宪宗元和二年(807)进士,累官国子祭酒,是有声望的儒林前辈,项斯作为后学,又科场失意,故投卷于杨敬之,希望得到他的赏识。

④郭讷(nè)言佳:郭讷,西晋官员。据《太平御览·乐部·歌》引《晋纪》,郭讷到京城时,听到歌女唱歌,夸奖唱得好。石崇问他知不知道歌女唱的是什么曲子,郭讷回答说,自己并不知道曲名。石崇便笑道:"你既然不知道曲名,怎么就能说她唱得好呢?"郭讷答道:"就像看见西施,难道需要知道她的姓名再说她美吗?"石崇无言以对。

【译文】

袁闳有隐居之志,但限于老母在堂,就在庭院中建起土室,自我隔离于人世;羊侃去衡州赴任,在船上建起三间房屋,在其中安置女乐,荡舟宴饮。杨敬之奖掖后进项斯,有"几度见诗诗总好,及观标格过于诗"的句子;郭讷听到歌女唱歌,虽不知唱的是什么曲子,但感觉音律优美,就直接出言称赞。

陈瓘责己①,阮籍咏怀②。

【注释】

①陈瓘(guàn)责己:陈瓘(1057—1124),北宋官员。据《陈瓘集·责沈文》,陈瓘任礼部贡院检点官时,与范祖禹同住一舍。两人聊天时,范祖禹说:"能像颜回一样不迁怒他人、不犯第二次错误,只有伯淳(程颐字)能做到。"陈瓘问谁是伯淳,范祖禹默然很久,说:"你不知道程伯淳吗?"陈瓘道歉说:"我生长在东南之地,

确实不知道程伯淳。"从此以寡陋自愧。后来陈瓘的侄孙陈渐从程颐弟子杨时求学，陈瓘贬居台州时，为陈渐送行，就写了一篇《责沈文》，自比为不知孔子之贤的楚国贵族沈诸梁，勉励陈渐既然已经"能谋其始（有了好的起点）"，就要追求做到"笃之使有成"。

②阮（ruǎn）籍咏怀：咏怀，把自己的感想咏唱成篇。据《晋书·阮籍传》，阮籍（210—263）曾以《咏怀》为题写了八十二首五言诗，被同时代的人所看重。按，《咏怀》诗表达的是阮籍在魏末晋初时期对黑暗现实的感慨。曹魏后期，司马懿、司马师、司马昭父子兄弟先后以权臣执国政，对于有名望又与自己不同心的人，大加排挤杀戮，如阮籍的好友嵇康就以"非汤武而薄周孔"的罪名遭到司马昭杀害。从本心来说，阮籍与司马氏并非同心，但又慑于其权势，不敢公然非议，故其《咏怀》诗虽是对其痛苦与愤懑心情的倾诉，却以文字深远晦涩著称，这是阮籍不得已之处。

【译文】

陈瓘作《责沈文》，以自责不识贤者的形式，鼓励侄孙努力上进；阮籍面对黑暗恐怖的政治，无力反抗又不欲同流，遂将自己的情怀写成诗篇，是为《咏怀》八十二首。

十灰

初平起石①，左慈掷杯②。名高麟阁③，功显云台④。

【注释】

①初平起石：初平，即皇初平（一作黄初平），传说中的仙人。据《神仙传》，皇初平十五岁时，家里让他去放羊，有道士召他到金华山石洞中学道，皇初平遂弃家往学，历时四十余年。其兄长皇初起四处寻访，不得踪迹，后在市中请一道士卜算，道士说："金华山

中有牧羊人皇初平，一定是你弟弟。"就带皇初起去寻访，遂得相见。见面后，皇初起问初平放的羊在何处，初平说羊就在山的东面，初起去看，只看到满地白石。初平随后来到，呵斥一声，白石头都变成羊站起来，总共有数万头。后来皇初起也随弟弟修道，服食松脂、茯苓等，十五年而得道。

②左慈掷（zhì）杯：左慈，东汉末年术士。据《神仙传》，在曹操举办的宴席上，左慈请求与曹操分杯饮酒。曹操以为是让自己先饮，再把余酒给左慈喝，不料左慈用簪子在酒杯上划了一道，酒从中间分开，划成了两半。左慈自己喝了一半，将另一半给曹操喝，曹操不高兴，没有立刻饮下，左慈就请求自己喝掉。喝完酒后，左慈把酒杯扔向房梁，杯子悬在房梁上，像鸟在飞翔一样，似要落下，却又不落。客人都抬头看杯子，左慈忽然就消失了，曹操派人去找，发现他已回到仕处。

③名高麟（lín）阁：麟阁，即麒麟阁，西汉官中的一处楼阁。汉武帝时建于未央官中，因汉武帝元狩年间打猎获得麒麟而命名。据《汉书·苏武传》，汉宣帝晚年，命人为他执政时期在功、德两方面最突出的大臣画像，悬挂在麒麟阁中，以大司马霍光为首，以下依官爵排序，共十一人。麒麟阁画像都是汉宣帝所看重的中兴辅佐之臣，比之于周宣王中兴时的方叔、仲山甫。苏武因在汉武帝时出使匈奴，被拘留十九年，坚决保持气节，不肯投降敌国，其气节为宣帝所尊重，列名于麒麟阁功臣的最后一位。黄霸、于定国、尹翁归、夏侯胜等大臣，在宣帝时也颇有声誉，且得善终，但不得图形麒麟阁，由此可见宣帝对麒麟阁功臣的看重。

④功显云台：云台，东汉皇宫中的一处高台。据《后汉书·朱景王杜马刘傅坚马传论》，汉明帝永平中，追念中兴功臣（即跟随其父汉光武帝刘秀打天下的功臣），将名将二十八人的像画在南宫云台上，以太傅邓禹为首，即所谓"云台二十八将"；之外又附有东汉

初期四位重臣王常、李通、窦融、卓茂的画像,总计三十二人。《后汉书》作者范晔说:"中兴二十八将,前世以为上应二十八宿。"范晔生活在刘宋之初,他说的"前世"应指汉晋时期,可见我国古代早有将云台二十八将神化的传说。

【译文】

皇初平学仙得道,对着石头喊了一声,石头就变成羊站起来;左慈与曹操饮酒,喝完酒后将酒杯掷向房梁,酒杯像鸟一样悬空。汉宣帝把功臣十一人的画像挂在麒麟阁,以纪念中兴辅佐之臣;汉明帝在云台为中兴功臣二十八人画像,后世称为"云台二十八将"。

朱熹正学①,苏轼奇才②。渊明赏菊③,和靖观梅④。

【注释】

① 朱熹(xī)正学:朱熹(1130—1200),南宋学者。正学,指学术的正统传承,这里指在宋元以后长期被视为儒家正统的理学。据《宋史·朱熹传》,朱熹自同安主簿任上归家,从延平李侗学习,李侗是罗从彦的弟子,思想上属于二程理学一派,当时已经年老。朱熹不远数百里,步行前往,向他问学,后来遂成为当代大儒,其学说影响了自南宋以后的数百年。其弟子黄榦评价老师道:"'道'的正统,是必须有合适人选才能传下去的,从周代以来,能担负传道责任的不过数人,而能彰明正道的,不过一二人罢了。孔子之后,由曾子、子思接续传承已经很微弱的正道,至孟子而始著;孟子之后,由周敦颐、二程、张载继传几乎断绝的正道,至朱熹而始著。"时人以为知言。又据《宋史·真德秀传》,韩侂胄排斥朱熹,将他的学派打成"伪学",禁止他的著作。真德秀作为后生晚辈,慨然以斯文自任,讲习服行朱熹之学,党禁既开,朱学得以重新昌盛,史称"正学遂明于天下后世,多其(真德

秀）力也”，可见南宋晚期以后，已称朱学为"正学"。

②苏轼（shì）奇才：苏轼（1037—1101），北宋官员，文学家。据《宋史·苏轼传》，宋哲宗在位时，苏轼任翰林学士，一日晚间在宫内值班，被召到侧殿，面见太皇太后高氏和哲宗。太皇太后问苏轼："你前年做什么官？"苏轼回答："臣为常州团练副使。"太皇太后又问："现在你是什么官职？"苏轼答道："现为翰林学士。"再问："怎么提拔得这样快呢？"苏轼答："这是因为遇上了太皇太后和皇帝陛下。"太皇太后说："不是这样。""那难道是有大臣推荐我？""也不是。"苏轼大惊道："臣虽行为不善，不敢以他途（指勾结内侍等非正当途径）进身。"太皇太后解释道："这是先帝（指宋神宗）的意愿。先帝每次看到你的文章，总是夸奖'奇才，奇才'，但没来得及用你就去世了。"苏轼闻言，感动流泪，太皇太后和哲宗也都伤感得哭起来。之后命苏轼坐下，赐茶，又撤去御前的金莲烛送苏轼回翰林学士院。

③渊明赏菊：渊明，即陶潜（？—427），东晋末年诗人。据《续晋阳秋》，陶潜自彭泽令任上辞职之后，回到家乡过着隐居田园的生活。有一年重阳节，陶潜家中无酒，就独自坐在宅旁的菊花丛旁边，摘了一把菊花，自己欣赏。这时，江州刺史王弘差白衣（晋时庶民穿白衣，给官府服役的小吏没有官身，等同庶民，故当时以"白衣"代指给官府当差的小吏）给陶潜送来美酒，于是陶潜就当场痛饮，直到喝醉了才回家。按，陶潜家在寻阳郡柴桑县（今江西九江），寻阳在东晋南朝时期是江州刺史的治所。王弘做江州刺史时，对陶潜颇为敬重，故于重阳节时遣小吏送酒给陶潜。

④和靖（jìng）观梅：和靖（967—1028），即林逋（bū），北宋隐士。去世后，宋仁宗赐谥"和靖先生"，后世称为"林和靖"。据《西湖游览志》，林逋隐居孤山，终生不娶，也不就征辟，建"巢居阁"以居，绕阁栽种梅花，吟咏自适，徜徉湖山，有时通宵不返。有客人来

访，童子则放鹤招之。又，林逋有《山园小梅》诗，其一云："众芳摇落独暄妍，占尽风情向小园。疏影横斜水清浅，暗香浮动月黄昏。霜禽欲下先偷眼，粉蝶如知合断魂。幸有微吟可相狎，不须檀板共金尊。"欧阳修《归田录》引能诗者之语评之，云："前世咏梅者多矣，未有此句也。"由于有上述两项轶事，后人遂称林逋以梅为妻，以鹤为子，即所谓"梅妻鹤子"。

【译文】

朱熹为南宋大儒，传承了自程颢、程颐兄弟以来的理学，经过他的发扬，理学在南宋晚期以后长期被视为"正学"；宋神宗赏识苏轼，每次看到他的文章，常常称赞"奇才"。陶潜遇重阳节无酒可饮，就坐在宅边的菊花丛里，摘花赏玩；林逋在孤山住处遍栽梅花，时时赏玩，并有"疏影横斜水清浅，暗香浮动月黄昏"的诗，时称"梅妻鹤子"。

鸡黍张范①，胶漆陈雷②。耿弇北道③，僧孺西台④。

【注释】

①鸡黍（shǔ）张范：鸡黍，鸡和黄米，指寻常人家的饭菜。张范，即张劭（shào）和范式，东汉初人。据《后汉书·独行列传》，张劭与范式曾同在太学学习，后各自回乡，分手时，范式向张劭提出两年之后要去拜访张劭家，于是两人约定了见面时间。等到约定时间临近，张劭就请母亲杀鸡煮黍，准备接待范式，母亲说："分离两年，又相隔千里，怎么就能确定他一定来呢？"张劭说："范式是有信义的人，必定不会失约。"于是张母听从儿子的意见，准备了酒食，范式果然按期来到，升堂拜母，欢饮而别。后张劭病逝，范式梦到张劭来，说自己何时去世、何时下葬，希望范式来见最后一面，范式于是千里奔赴，正好赶上张劭下葬，遂为之出殡，并留在他的墓旁，为修坟树，事毕乃去。

②胶漆陈雷：胶漆，胶和漆都有黏性，故用以形容坚固的友情。陈雷，即陈重和雷义，东汉时人。据《后汉书·独行列传》，陈重与雷义结交为友，共学《鲁诗》《颜氏春秋》。豫章太守张云举陈重为孝廉，陈重请求让给雷义，前后上书太守十余次，太守都不听从。次年，雷义也被举为孝廉，与陈重同为郎官，后又同拜尚书郎。后来雷义代人受过被免职，陈重也托病去职。回到家乡后，雷义被举为茂才，又向刺史提出让给陈重，刺史不答应，于是雷义假装发疯，披发狂走，不应举命。当时人说："胶漆自谓坚，不如陈与雷。"后来三府（太尉府、司徒府、司空府）同时征辟两人。

③耿弇（yǎn）北道：耿弇（3—58），东汉开国功臣。北道，通往北方的道路。据《后汉书·耿弇传》，王莽灭亡后，王郎自称汉成帝之子，割据邯郸，在河北势力很大。耿弇不肯依附王郎，到卢奴（今河北定州）投奔刘秀，又随刘秀到蓟城。这时王郎前来进攻，刘秀与部下商议应对之策，耿弇主张北上，发动渔阳、上谷两郡精兵反攻王郎。刘秀的部下们都说："死都应该头朝南，怎么能向北去自投罗网？"刘秀却指着耿弇说："这是我的北道主人（在北方的接待者）。"后刘秀战事不利，被迫南逃，耿弇北到昌平（今北京昌平），说服父亲上谷太守耿况，约渔阳太守彭宠一同发兵，为刘秀大败王郎，平定河北。

④僧孺（rú）西台：僧孺，即牛僧孺（779—848），中晚唐大臣，官至宰相。西台，指唐代设置在长安的御史台。据《剧谈录·御史滩》，唐代伊阙县（今河南伊川）有一条小溪，每有本县官员调任御史，溪中就会露出浅滩。牛僧孺担任伊阙县尉时，同官员在溪边宴饮，恰遇浅滩出现，有一个老吏说："这次调任的人只是到洛阳任职，如果是去长安，应该有一对鸂鶒落在滩上。"牛僧孺觉得理当是自己调任，就举杯说："既能有滩，何必吝惜一对鸂鶒？"宴

席未终,果然有一对鸂鶒出现。不久,牛僧孺调任监察御史,到长安去做官了。按,唐代以长安为京师,又称西京,以洛阳为东都,在长安、洛阳各置御史台。洛阳的御史台称东都留台,长安在洛阳之西,其御史台称为西台。两台均有御史员额,故同样调任御史,也有在长安或洛阳任职两种可能。

【译文】

张劭、范式交情深厚,离别之前,范式约定两年后去张劭家拜访,张劭请母亲提前杀鸡煮黍,预备招待,范式果然如期到来;陈重、雷义结为挚友,在仕途上同进同退,又互相推让机会,时人将他们的交情比作胶漆。耿弇为汉光武帝刘秀出谋划策,劝他北上发渔阳、上谷两郡兵马攻打王郎,被刘秀称为"北道主人";牛僧孺在伊阙县做县尉时,县里溪水出现浅滩,时以为本县官员将迁任御史之兆,牛僧孺希望能到长安的西台任职,不久后果然如愿以偿。

建封受贶^①,孝基还财^②。准题华岳^③,绰赋天台^④。

【注释】

① 建封受贶(kuàng):建封,即张建封(735—800),唐代大臣。贶,赐赠之物。据《幽闲鼓吹》,裴宽从郡守职位上离任,西归长安,在汴水中行船时,见张建封坐在河边树下,穿着一身破旧衣服。裴宽与他攀谈,感到张建封不是一般人,说:"以你的才识,终当富贵,怎么会穷困呢?"将一船的金帛奴婢全都送给他。张建封毫不推让,登上船去,看到船上奴婢有举止傲慢、盛气凌人的,都予以鞭挞,就像自己本来就是主人一样。裴宽见张建封这样豪爽,更觉得他不一般了。后来,张建封在平叛中立功,累官徐、泗、濠三州节度使。

② 孝基还财:孝基,即张孝基,宋代人。据《泊宅编》,张孝基是许州

（今河南许昌）人，娶一富家女。富人还有一不肖子，已被逐出家门，沦为乞丐，于是在将死之时，将家财尽付女婿张孝基，托以后事。过了一段时间，张孝基遇见妻弟乞讨，见其困苦，就把他带回家中，用种地、管仓库的工作考验他，妻弟做得都很好。张孝基见妻弟驯顺谨慎，没有其他过错，就将全部家财还给了他。其人从此勤治家业，砥砺节操，为乡里善士。过了几年，张孝基去世，有人说在嵩山见到他坐车出行，仪仗煊赫，上前询问，孝基说："我以还财之故，上帝让我主管此山。"说完就不见了。

③准题华岳：准，即寇准（961—1023），宋代名臣，曾任宰相。华岳，即华山。据《陈辅之诗话》，寇准八岁时以《华山》为题作诗："只有天在上，更无山与齐。"他的老师非常惊异，对寇准的父亲说："你的儿子怎么能不作宰相？"按，古以皇帝为"天子"，将"天"视为皇帝的象征，宰相在传统观念中仅在皇帝之下，即所谓"一人之下，万人之上"，故寇准的老师认为寇准此诗有宰相气度。

④绰（chuò）赋天台：绰，即孙绰（314—371），东晋大臣、文学家。天台，即天台山。据《世说新语·文学》，孙绰写成《天台山赋》后，拿给友人范启看，并说："你把这篇赋掷在地上，都能发出金石的声音。"范启有些轻视地说："恐怕你所谓的金石声，跟乐律合不来吧？"不过在阅读《天台山赋》时，每当读到佳句，范启仍然会赞叹道："应是我辈语 。"

【译文】

张建封获得裴宽赠送的钱帛和奴婢，既不推让，也无拘束之态，裴宽愈以为奇；张孝基培养妻弟走上正路，又将岳父遗留的财产还给妻弟，传说去世后成了嵩山的山神。寇准八岁题《华山》诗，有"只有天在上，更无山与齐"的句子，被认为是宰相器量；孙绰作《天台山赋》，自言掷地作金石声，送给友人范启看，被赞为"应是我辈语"。

穆生决去^①，贾郁重来^②。台乌成兆^③，屏雀为媒^④。

【注释】

①穆生决去：穆生，汉初儒家学者。决去，决意离去。据《汉书·楚元王传》，刘交被封为楚王后，以三个老同学穆生、白生、申公为中大夫。穆生不爱喝酒，刘交在宴会上特别准备醴（甜米酒）给他代酒，父子两代都是这样。等到刘交之孙刘戊继位，初始也为穆生备醴，后来有一次忘了准备，穆生说："不摆设醴酒，证明楚王已经不尊重我了。我该走了，不然楚人将要在市上用铁箍束住我的脖子。"于是称病。白生、申公来劝穆生不要计较小礼，穆生说："先王礼遇我们，为的是道；今王忽视我们，是忘掉了道。忘道之人，怎么能和他相处呢？我可不是为了小礼节啊。"遂谢病归家。白生、申公仍留在楚国，后来果然因为劝谏刘戊被罚为舂米的刑徒。

②贾郁重来：贾郁，五代官员。据《锦绣万花谷》引《九国志》，贾郁担任仙游县（今福建仙游）的县令，将要离任时，部下有一小吏醉酒，贾郁生气地说："我再到这里做官，一定要惩罚你。"小吏嗤笑道："您想再来，就像想乘铁船渡海一样。"贾郁后来果然又到仙游任职，之前喝醉的那个小吏偷盗库钱被发觉，贾郁在判词中写道："窃铜锱以润家，非因鼓铸；造铁船而渡海，不假炉锤。"于是杖责小吏，将其判了徒刑。按，"鼓铸"一语，是暗用西汉邓通的典故。据《汉书·佞幸传》，邓通为汉文帝宠臣，受赐铜山，并获得自行铸钱的权力，当时邓氏铸钱遍天下，邓通因而巨富。贾郁讥刺小吏盗钱自肥，故有"非因鼓铸"之言。

③台乌成兆：台，即御史台，汉代御史大夫的官署叫御史台，后来遂以"台"称谏官的官署。兆，预兆。据《旧唐书·柳仲郢传》，唐代柳仲郢担任谏议大夫之后，每次升官，家中都有乌鸦聚集，落得

到处都是，直到五天以后才纷纷散去。按，据《汉书·朱博传》，汉代御史台官舍中列植柏树，有数千只乌鸦巢居其上，晨去暮来，号称"朝夕乌"，后人遂称御史台为"柏台"或"乌台"。柳仲郢位居谏官，恰有乌鸦落于其家，故也称这些乌鸦为"台乌"。

④屏雀为媒：屏，屏风。雀，孔雀。据《旧唐书·后妃传上》，唐高祖李渊的妻子太穆窦皇后，是北周大臣窦毅与北周襄阳长公主的女儿。窦毅对女儿非常爱惜，说："此女才貌如此，不可妄以许人，当为求贤夫。"于是在屏风上画了两只孔雀，让来求婚的贵公子每人射两箭，并暗中决定，有谁射中孔雀的眼睛，就把女儿嫁给谁。前后来了几十人，都没有射中的。等到唐高祖李渊来求婚时，两箭各中一目，窦毅非常高兴，就把女儿许配给了李渊。据《旧唐书》的记载，窦氏有见识，且胆略不凡，当隋文帝杨坚篡夺北周政权时，窦氏曾有"恨我不为男，以救舅氏（北周武帝宇文邕）之难"的壮语，故窦毅对她非常看重。

【译文】

穆生发现楚王刘戊不给自己特别准备醴酒，知道刘戊已经不尊重自己，就决意辞官回家；贾郁重到仙游县任职，见之前对自己不敬的小吏偷盗库钱，严厉处罚了他。柳仲郢任谏议大夫后，每次升官，都有乌鸦落满宅院作为预兆；李渊向窦毅的女儿求婚，射中屏风上孔雀的眼睛，窦毅就将女儿许配给他。

平仲无术①，安道多才②。杨亿鹤蜕①，窦武蛇胎②。

【注释】

①平仲无术：平仲，即寇准（961—1023），字平仲。无术，缺乏学术。据《宋史·寇准传》，张咏知益州（今四川成都）时，听说寇准拜相，对部下说："寇公有奇才，可惜学术上有所不足。"后寇准罢相

出知陕州（今河南灵宝），恰逢张咏从益州离任，路经陕州，寇准隆重接待，又送行出郊，询问："对我有什么教导吗？"张咏答道："《霍光传》不可不读。"寇准回家后取来《汉书》，读到"光不学亡（无）术"时，笑着说："这是张公在批评我啊。"按，霍光受汉武帝顾命，辅佐昭帝、宣帝两代皇帝，当政二十年，对汉朝有大功，但专权过甚，死后妻子被诛灭。班固在《汉书·霍光传赞》中批评道："光不学亡术，暗于大理，……死财三年，宗族诛夷，哀哉！"所谓"不学亡术，暗于大理"，主要指霍光权过人主，又不知谦退，使皇帝有"芒刺在背"之感。寇准被罢相，与他在澶渊之役中立下定策大功，遭到皇帝忌惮有很大关系，故张咏希望寇准吸取霍光的教训，能够善保功名。

②安道多才：安道，即张方平（1007—1091），宋代大臣。据《宋史·张方平传》，张方平少年时极其聪明，曾因家里穷困向人借《史记》《汉书》《后汉书》，不到十天就还给了原主，并说："书中详情已经了解了。"凡是读过的书，他都记得很清楚，不用再读。参知政事宋绶、蔡齐都认为张方平是天下奇才。宋代设制科，以拔非常之才，张方平先中茂材异等科，授校书郎，知昆山县，后又中贤良方正能直言极谏科，迁著作佐郎，通判睦州（今浙江建德）。其后召试馆职，宋仁宗说："这不是两策制科的那个人吗？还有什么可考试的。"于是命授直集贤院。

③杨亿鹤蜕（tuì）：杨亿（974—1020），宋代官员、文学家。蜕，变化。据《苕溪渔隐丛话·本朝杂记下》引《本朝名臣传》，杨亿的母亲怀孕时，梦见一个穿羽衣的人自称武夷君来投胎。孩子生出来，竟然是一只鹤雏，家里都非常惊恐，遂把杨亿扔到江边。杨亿的叔父说："我听说不世出的人，出生时一定有特别的征兆。"于是追到江边，打开包裹看时，鹤雏已经变成婴儿，但身上仍有一尺多长的紫色细毛，过了一个月才脱落。按，胡仔此书又引《三朝

正史》说，杨亿出生前，其母梦到投胎的是道士"怀玉山人"，生下来时，杨亿身上有紫毛，但没有提到鹤雏化人。胡仔评论说："二书所纪不同。予谓《名臣传》其言怪诞良甚，当以《正史》为是也。"

④窦（dòu）武蛇胎：窦武（？—168），东汉外戚，官至大将军。据《搜神记》（《后汉书·窦武传》略同），窦武的母亲分娩时，同时生下窦武和一条蛇，家人把蛇送到树林中。后来窦武的母亲死时，有一条大蛇从草中出来，一直游到办丧事的地方，用头撞棺木，血泪齐流，身体时俯时仰，环绕盘屈，就像是孝子在哭泣一样，过了好一阵才走。当时的人们都认为这是窦氏将要败亡的凶兆。

【译文】

张咏要寇准读《汉书·霍光传》，寇准读到"光不学无术"，知道张咏是在劝诫自己；张方平读书从来不读第二遍，两中制科，被称为天下奇才。杨亿刚出生时，传说是鹤的幼雏的样子，后来才变成人形；窦武的母亲生他时，传说还生了一条蛇，等到窦母去世，有大蛇来哭灵，时人以为此乃窦氏的凶兆。

湘妃泣竹①，钽麑触槐②。阳雍五璧③，温峤一台④。

【注释】

①湘妃泣竹：湘妃，指帝舜的两个妻子娥皇、女英。据《博物志》，尧帝把两个女儿娥皇、女英嫁给舜，舜受尧禅让后，二女做了舜的妃子。传说舜病死在苍梧，娥皇和女英痛哭，泪珠洒在竹子上，染成斑点，后来就出现了一种主干上斑斑点点的竹子。后来娥皇和女英去世，据说成了湘水的女神，被称为湘夫人，又称湘妃。因有二妃以泪染竹的传说，后人遂称这种竹子为湘妃竹。

②钽麑（chú ní）触槐：钽麑，春秋时晋国人。据《左传·宣公二年》，晋灵公派遣钽麑刺杀执政的上卿赵盾。钽麑凌晨到赵家窥探，

见赵盾穿好了朝服在屋中坐着打盹，随时可以上朝。钮麑见此情景，非常感动，私下叹息道："如果杀了赵盾这样能为民做主的人，是不忠的行为；如果违背了国君的命令，则是不守信的行为。两者中有一件，还不如死掉。"由于处于两难境地，钮麑最终选择在槐树上撞死，以求自我解脱。

③阳雍（yōng）五璧：阳雍，即阳伯雍，又作杨伯雍，汉代人。据《搜神记》，杨伯雍葬父于无终山，山高八十里，无水，杨伯雍打来水，无偿送给路人喝，如是坚持了三年。一天，有一个喝水的人送给他一斗石子，让他到高而平旷、有石头的地方种下，说能产出玉来，又说："你会有一个好妻子。"当时右北平（汉代郡名。治今内蒙古宁城县）徐家有个贤德的女儿，时人去求亲，多不获允。杨伯雍也去向徐氏求亲，徐家的人觉得他是疯子，就开玩笑说："拿一双白璧来作为聘礼，就答应你的求婚。"杨伯雍到播种的地方去挖地，获得白璧五双作为聘礼。徐家见璧大惊，就把女儿嫁给杨伯雍了。据说皇帝得知此事后，拜杨伯雍为大夫，于是杨伯雍在种玉的地方四角都立起高一丈的石柱，中间方圆一顷的地面，被称为"玉田"。按，今河北有玉田县，古人以为即杨伯雍种玉之地。

④温峤（qiáo）一台：台，指镜台。据《世说新语·假谲》，东晋名臣温峤丧妻后，嫁到刘家的堂姑托他为女儿找婆家，温峤自己看中了表妹，就对堂姑说："佳婿难得，大概也就跟我差不多，可以吗？"堂姑回答道："丧乱之世，能够凑合活下去，已经足以令我在晚年感到欣慰了，哪敢指望女婿能跟你相比呢？"过了几天，温峤向堂姑报告："已找到表妹结婚的对象，门第还可以，本身的名望、官职，都不比我差。"于是留下玉镜台一枚作为聘礼。堂姑大喜。举行婚礼时，新郎、新娘互相行礼，新娘伸手拨开面前的纱扇，拍手大笑道："我就怀疑是你这个老家伙，果然是这样。"按，

据刘孝标《世说新语注》，温峤一生三次结婚，初娶李氏，中娶王氏，后娶何氏，而无刘氏，此事不可信。

【译文】

娥皇、女英为丈夫帝舜的去世而悲痛，泪水洒在竹子上，竹子也被染出斑点；晋灵公让钼麑刺杀赵盾，钼麑见赵盾勤于奉公，不肯杀他，触槐自杀。阳伯雍向徐家女儿求亲，徐家索要白璧作为聘礼，阳伯雍就从地中挖出五双玉璧作为礼物，遂娶徐氏女；温峤的堂姑托温峤为女儿找婆家，温峤有意于表妹，就以玉镜台一枚为聘，最终与表妹结合。

十一真

孔门十哲①，殷室三仁②。晏能处己③，鸿耻因人④。

【注释】

①孔门十哲：孔门，孔子门下。十哲，十个最出色的弟子，据《论语·先进》："德行：颜渊、闵子骞、冉伯牛、仲弓。言语：宰我、子贡。政事：冉有、季路。文学：子游、子夏。"这是一份孔子门下弟子中最杰出者的名单，共十人，后人谓之"十哲"。据《旧唐书·礼仪志四》，开元八年（720），国子司业李元瓘上奏，认为以前允许何休等二十二名儒学家从祀孔子，身为孔子弟子的十哲反而只能画像于庙堂，没有获得正式的祭祀，理有未洽，唐玄宗遂下诏为十哲塑像，从祀孔子，位列何休等二十二贤之上。曾参虽不在十哲之列，但玄宗称其"大孝，德冠同列"，故也为其塑像，位列十哲之次。南宋时，以颜渊、曾参配享孔子，将孔子晚年的弟子颛孙师（子张）升入十哲之列，以足十人之数。至清朝，又先后以朱熹、有若升跻十哲，总为"十二哲"。

②殷（yīn）室三仁：殷室，商朝。三仁，三位仁人。据《论语·微子》，箕子装疯，微子出走，比干进谏被处死，孔子对此的评价是：

"殷室有三位仁人啊。"据《史记·宋微子世家》，箕子和微子、比干都是"纣之亲戚"，与纣王的具体关系有不同说法，微子是纣王的庶兄。纣王昏乱，微子谏而不从，遂欲死谏，又有出亡之意，踌躇不决，与太师、少师商议，太师、少师认为"今诚得治国，国治身死不恨。为死，终不得治，不如去"，微子遂出走。箕子见纣王行为淫佚，谏而不从，不肯出亡，佯狂为奴。比干直言极谏，触怒纣王，被剖心处死。三人虽然所行不同，但都是按照自己的本心去做事，故谓之"三仁"。按，孔安国认为与微子商议的太师即箕子，少师即比干，未有确据。

③晏（yàn）能处己：晏，即何晏（？—249），三国时曹魏玄学家、官员。处己，摆正自己的位置。据《世说新语·夙惠》，何晏七岁时，明惠若神。他的母亲改嫁给曹操，将何晏带入曹家。曹操非常喜爱何晏，像对待自己的孩子一样对他，还想真的收养他，何晏听说后，在地上画了一个方框，自处其中。有人问他这是干什么，何晏回答："这是何氏的房子。"曹操得知后，就让何晏出外居住了。按，据《三国志·魏书·曹爽传》裴注引《魏略》，何晏、秦朗（秦宜禄之子，其母也改嫁曹操）都随母在曹操家中生活，受曹操宠爱，待遇如曹操的亲子一样。秦朗生性谨慎，而何晏无所顾忌，服饰常比拟曹丕，故曹丕恶之，谓之"假子"。如《魏略》之说，何晏少年时应未离开曹府居住。

④鸿耻因人：鸿，即梁鸿。因人，依靠别人。据《太平御览·人事部·清廉上》引《东观汉记》，梁鸿少年丧亲，常独居，不与人同食，比舍（邻居）做完饭，招呼梁鸿趁着锅热，赶紧煮饭，梁鸿说："童子梁鸿，不是向别人借热的人。"于是熄灭炉灶，重新生火做饭。按，据《太平御览·饮食部·食上》引《东观汉记》："梁鸿少孤，以童幼诣太学受业，治《礼》《诗》《春秋》。常独坐止，不与人同食。比舍先炊已，呼鸿及热釜炊。梁曰：'童子鸿不因人热者

也。'"则梁鸿"不因人热"之事发生在太学求学期间,故梁鸿自称"童子"。所谓"比舍"即是所住学舍相邻的太学同学。根据上述史料来看,东汉的太学生日常要自己做饭,邻舍学生大概因为梁鸿年幼孤贫,所以想为他提供一些生活上的方便,却被梁鸿拒绝。又,据《后汉书·逸民列传》,梁鸿之父梁让在王莽时曾官城门校尉,后寓居北地郡而卒,去世时以席裹尸而葬,可见梁鸿的家庭在其父晚年已经败落。

【译文】

孔子门下有十位杰出弟子,唐玄宗下诏为十他们塑像,从祀孔子;殷商末期有三位仁人,都按照自己的本心去做事。何晏受曹操宠爱,却坚守自己何氏之子的身份;梁鸿在太学学习时,不愿依靠同学的帮助,宁可自己重新生火做饭。

文翁教士[1],朱邑爱民[2]。太公钓渭[3],伊尹耕莘[4]。

【注释】

[1]文翁教士:文翁,西汉官员。教士,教育士人。据《汉书·循吏传》,文翁在蜀郡做郡守时,派遣聪敏的郡县小吏十余人到都城长安去,从博士受经,或学习律令。几年后,蜀郡的学生都学成归来,文翁任命他们为郡中的大吏,依次察举,有做到郡守、刺史的。文翁又在本郡兴办学校,招收下县子弟入学,学生免除徭役,成绩好的学生可以直接被任命为郡县的官吏。当时蜀地人民以入学为荣,在京师求学的蜀郡学生可以与齐鲁之地相比。按,据《史记·司马相如列传》司马贞《索隐》引秦宓之言,西汉大辞赋家司马相如就是被文翁派遣到长安受学的郡吏之一。

[2]朱邑(yì)爱民:朱邑,西汉官员。据《汉书·循吏传》,朱邑是庐江舒县(今安徽舒城)人,在本县的桐乡(今安徽桐城)充任啬夫(汉

代管理税收、听取诉讼的乡吏），以清廉公平、为政宽厚得到提拔，累官北海太守，以治行天下第一迁大司农，为汉宣帝时的名臣。朱邑临去世时，对儿子说："我原本是桐乡小吏，百姓对我有感情，我死之后，一定要把我葬在桐乡。后世子孙祭祀我，不如桐乡的百姓祭祀我。"朱邑去世后，儿子把他葬在桐乡的西墙外，百姓果然为朱邑建冢立祠，岁时祭祀，到班固著《汉书》的东汉时期，依然如此。

③太公钓渭：太公，又称太公望，姓姜，名尚，字子牙。因先祖曾封于吕，又称吕尚，西周早期重臣，齐国的始封国君。渭，即渭水。据《史记·齐太公世家》，吕尚年老而不得志，隐居在渭水北岸，以钓鱼为生。西伯昌（即日后的周文王）将要出猎，命人占卜打猎的收获，卜者说："这次打猎，猎得的不是龙也不是螭，不是虎也不是罴，是霸王的辅弼。"西伯昌在打猎中遇到吕尚，与他交谈，谈得非常投机，说："先君太公（指西伯昌的祖父古公亶父）说：'将有圣人到周国来，周因此而兴盛。'说的就是您吧。太公期待您很久了啊。"于是号之为"太公望"，和他同乘一车回到都城，以之为师。周能够灭商，太公望的谋略在其中起了很大作用。按，《诗·大雅·大明》云："维师尚父，时维鹰扬。"师尚父即齐太公，据此诗，他在牧野之战中英勇奋战，搏杀敌人如鹰之下击，则未必是一位老人。

④伊尹（yǐn）耕莘（shēn）：伊尹，商汤的宰相。莘，即有莘氏，古国名。据《孟子·万章》，万章问孟子："听说伊尹以烹饪之道获得汤的赏识，有这回事吗？"孟子答道："不对。伊尹在有莘之野耕田谋生，爱好尧舜之道。汤派人带着礼物去聘请他，伊尹回答：'我要汤的礼物作什么呢？受其礼物而出仕，怎么比得上我居住在田野之中，以尧舜之道为乐呢？'汤三次派出使者去聘请伊尹，伊尹才说：'居住在田野之中，乐尧舜之道，怎么比得上使君主变

成尧舜一样的君主,百姓变成尧舜的百姓,以及我能够亲眼见到呢?'于是前去劝说商汤,使他起兵讨伐夏桀。所以我只听说伊尹以尧舜之道获得汤的赏识,没听说以烹饪之道。"按,《史记·殷本纪》说:"伊尹名阿衡。阿衡欲奸('奸'通'干',干谒之意)汤而无由,乃为有莘氏媵臣,负鼎俎,以滋味说汤,致于王道。或曰,伊尹处士,汤使人聘迎之,五反,然后肯往从汤,言素王及九主之事。"可知在战国秦汉时期,关于伊尹与商汤君臣遇合之事,原有两说并存,孟子盖从儒家的立场出发,故驳斥万章之所言。

【译文】

文翁在蜀郡做郡守时,派遣小吏到长安受学,又兴办郡学,使蜀地向学之风大兴;朱邑自桐乡啬夫起家,以廉平爱民,累官九卿,死后葬在桐乡,当地人为之起冢祠祀。吕尚年老不得志,隐居在渭水之阳钓鱼,遇到周文王,成为文王、武王两代的重臣;伊尹在有莘之野耕种自给,接受商汤的聘请,劝说商汤攻灭夏桀。

皋惟团力①,泌仅献身②。丧邦黄皓③,误国章惇④。

【注释】

① 皋(gāo)惟团力:皋,即李皋(733—792),唐代大臣,唐太宗五世孙。团力,集中力量,这里指"团力法",古代的一种练兵方法。据《新唐书·李皋传》,建中三年(782),淮西节度使李希烈反,皇帝将湖南观察使李皋迁为江南西道节度使,让他讨伐李希烈。李皋到任后,传令军中:"有功未申,有才能谋略没有表现的,都可以自己提出来。"于是神将伊慎、李伯潜、刘旻出来应选,李皋就用他们做大将。然后造船练兵,凑集了两万兵马。李皋从两万人中拨出两千五百人,让伊慎等人训练,又拨出五百人,自己用关中军队的团力法训练。这五百人的赏罚互相关

联,训练到后来,能够张弛如一。兵练好后,李皋让伊慎等人统领所练的两千五百人,与自己训练的五百人对战,伊慎等人不能抵挡,于是李皋就将团力法推广到全军的训练中。此后,李皋所部将士在蔡山(今湖北黄梅)、应山(今湖北应山)等地数次打败李希烈,使其不敢向江淮扩张,李皋也以军功先后迁为荆南节度使、山南东道节度使。

② 泌(bì)仅献身:据《资治通鉴•唐纪》,唐代宗从衡山召回李泌,在宫内的蓬莱殿为他起建一院,让李泌住在院内,时常与李泌商量用人等要务。后来代宗想要用李泌为相,李泌固辞。等到过端午节时,王公大臣、后妃、公主都向代宗进献珍宝衣物,代宗问李泌何以不献,李泌答道:"我住在禁中,从头巾到鞋子,所有衣物都是陛下赐给的,所余仅有一身,有什么可以献上的呢?"唐代宗说:"我所求的,也不过就是您这个人罢了。"李泌说:"我这个人不归陛下所有,又能归谁所有呢?"代宗说:"先帝想要用您做宰相而不得,如今既然您把自己许给我,就只归我所有,不能由您自主了。"李泌问:"陛下想让我做什么?"代宗说:"我想让您食酒肉,有室家,受禄位,为俗人。"李泌哭泣推辞,代宗不许,遂令宦官为李泌安葬父母,为他娶卢氏女为妻,一切费用由国库支付,又赐给他一所光福坊的住宅,让李泌在家中住几天,在宫中住几天。此后,李泌遂正式步入仕途。

③ 丧邦黄皓(hào):丧邦,导致国家灭亡。黄皓,三国时蜀汉宦官,深受蜀汉后主刘禅宠信。据《三国志•蜀书•董允传》,黄皓为人奸佞聪慧,善于逢迎,幸而侍中董允上则匡正刘禅,下则多次斥责黄皓,故黄皓不敢胡作非为。董允去世后,陈祗代为侍中,与黄皓表里相结,黄皓从此开始干预政事。陈祗去世后,黄皓自黄门令迁为中常侍、奉车都尉,操弄大权,终于导致蜀汉灭亡,蜀人无不追思董允。邓艾灭蜀后,听说黄皓奸险,派人把他关押起

来，想要杀掉他，黄皓以重金贿赂邓艾的左右亲信，由此得以免祸。

④误国章惇（dūn）：误国，贻误国事。章惇（1035—1105），北宋大臣，曾任宰相。据《宋史·章惇传》，宋神宗任用王安石变法，朝臣分为新旧两党，互相攻讦。章惇是王安石一派，做宰相后不遗余力打击旧党士大夫，甚至请求挖掘旧党魁首司马光、吕公著的坟墓，开棺戮尸，进一步加剧了政治斗争。宋徽宗在位时，长期执政的蔡京出身新党，对时局败坏有很大责任，故北宋灭亡后，南宋君臣多将北宋灭亡的责任归因于新党甚至王安石变法，被新党排斥的旧党则得以翻身。章惇在宋哲宗亲政后长期独相，尽复新法，屏逐旧党，故虽晚年遭到蔡京打击迫害，仍被旧党斥为误国奸臣。又，《宋史·袁枢传》有"子厚（章惇字）为相，负国欺君"之语，反映了当时士大夫对章惇的普遍看法。

【译文】

李皋以团力法教习所部军队，屡次打败李希烈叛军；李泌对唐代宗说只有一身可以献上，唐代宗遂顺势令李泌为官。黄皓受蜀汉后主刘禅宠信，操弄权势，对蜀汉灭亡负有很大责任；章惇为相时排斥旧党士大夫，倡行新法，自南宋起，便被视为误国奸臣。

鞅更秦法[①]，普读鲁《论》[②]。吕诛华士[③]，孔戮闻人[④]。

【注释】

①鞅（yāng）更秦法：鞅，即商鞅（？—前338），战国时卫国人，在秦国主持变法。更，变易。据《史记·商君列传》，商鞅少好刑名之学，因在魏国得不到重用，故自魏入秦，借助秦孝公宠臣景监的推荐，得见孝公，以强国之术游说。孝公与商鞅交谈，数日不厌，遂以商鞅为左庶长，主持变法。商鞅推行了一系列的变法

措施，包括推行什伍制度、清定民籍、奖励耕战、禁止私斗等，行之十年，秦国"道不拾遗，山无盗贼，家给人足。民勇于公战，怯于私斗，乡邑大治"。后商鞅率秦军打败魏军，一度围困魏都安邑（今山西运城），秦国国势大振，迁都咸阳（今陕西咸阳），商鞅遂重划秦国行政区为三十一县，废除井田，重定赋税，打击旧贵族势力，使秦国进一步强大。其后商鞅虽然被诛死，所定法令始终在秦国推行，卒使秦国吞灭诸侯，建立起我国历史上第一个大一统王朝。

②普读鲁《论》：普，即赵普（922—992），宋初大臣，曾任宰相。鲁，春秋时诸侯国，国都在今山东曲阜。《论》，即《论语》。据《鹤林玉露》，宋太宗登基后，赵普复任宰相，当时有人攻击赵普，说他文化水平不高，只读过《论语》（按，《论语》一书，在我国古代是幼儿开蒙的基础读物，故赵普的政敌以此作为话柄），宋太宗以此言询问赵普，赵普对太宗说："臣平生所知，确实不出《论语》之外。昔日以其半辅佐太祖定天下，如今还想以另一半辅佐陛下致太平。"按，孔子是春秋时鲁国人，《论语》一书的主要内容是孔门弟子记录和追述的孔子言行，故后人亦称《论语》为"鲁《论》"。

③吕诛（zhū）华士：吕，即齐太公吕尚。华士，传说中西周初年齐地的名士。据《韩非子·外储说右上》，太公吕尚受封于齐，当地有一个名士叫做华士，号称不敬畏天子，不与诸侯交往。太公三次召他来见，华士都不来，于是太公就下令诛杀了华士。周公埋怨太公不该诛杀华士这样有名望的人，太公驳斥道："如果人人都像华士一样，不敬畏天子，不和诸侯来往为友，这世上还有君臣之道吗？"周公无言以对。

④孔戮（lù）闻人：孔，即孔子。闻人，有名望的人。这里指少正卯，春秋时鲁国学者。据《荀子·宥坐》，少正卯在鲁国非常有影响力，孔子做鲁相后就杀了他。弟子子贡问孔子："您刚上任就杀国内的名人，恐怕要失去民心吧？"孔子说："少正卯心性通达却

险恶难测（心达而险），行为诡异又顽固不改（行辟而坚），说话虚伪而且善辩（言伪而辩），专门记忆丑恶的东西偏又显得博学（记丑而博），赞同错误的行为还为之润色（顺非而泽），这样的错误有一条就难免被君子所诛杀，而少正卯竟全占了，可见是小人中的雄者，不可不杀。"按，此事不见于《论语》等早期儒家经典，或为荀子一派为攻击思孟学派（以子思和孟子为代表的儒家学派）编造出的典故。

【译文】

商鞅入秦主持变法，使秦国因此而富强；赵普自称平生所知不出《论语》，然以其半辅佐宋太祖定天下。太公吕尚受封于齐，召华士来见，华士不奉命，遂被诛杀；孔子为鲁相，鲁有"闻人"少正卯，孔子视为"小人之桀雄"，将其杀掉。

暴胜持斧[①]，张纲埋轮[②]。孙非识面[③]，韦岂呈身[④]。

【注释】

[①]暴胜持斧：暴胜，即暴胜之，西汉官员。持斧，汉代授予使者或将领斧钺，表示给予他们自行诛杀犯罪者的权力。据《汉书·隽不疑传》，汉武帝末年，税役苛重，郡国百姓处处蜂起，以求逃死。武帝以暴胜之为绣衣使者，手持斧钺，督课郡国官吏镇压农民起义，且可以军兴之律诛杀不从命者，威震州郡。暴胜之素闻隽不疑贤，请与相见，隽不疑对暴胜之说："做官吏的人，过于刚强就要有灾祸，过于柔和就办不成事。威严已行，再施之以恩，则能立功扬名，长享富贵。"暴胜之深纳之，问以当世所宜，一直与隽不疑谈到入夜。之后，暴胜之表荐隽不疑于朝，武帝即擢升本来只是郡吏的隽不疑为青州刺史。

[②]张纲埋轮：张纲（108—143），东汉官员。据《后汉书·张纲传》，

汉顺帝时,派遣八名官员巡视国内,察访民情,张纲是其中之一。其他官员都出发去指定州郡察视风俗,张纲却把所乘车的轮子埋在洛阳的都亭,以示"不进"的决心,并说:"豺狼当路,安问狐狸。"于是上疏弹劾大将军梁冀、河南尹梁不疑兄弟"无君之心十五事",京师震悚。然而此时汉顺帝正宠爱梁冀的妹妹梁皇后,梁氏族人姻亲布满朝廷,故顺帝虽知张纲说得对,却没有听从他的意见。

③孙非识面:孙,即孙抃(biàn),宋代大臣。据《石林燕语》,孙抃做御史中丞时,推荐唐介和吴敦复做御史。有人问孙抃:"你和这二位并不相识,为什么推荐他们呢?"孙抃说:"从前的人以做'呈身御史(自荐求仕的御史)'为耻,我怎么能搞'识面台官(因为认识而被推荐的御史)'那一套呢?"后来唐、吴二人都以刚直著称。按,宋代台官有监察重臣的职责,故而宰相、执政多有意在御史台中安插私人,以备政争之需,故有人以孙抃推荐素不相识之人为怪。

④韦岂呈身:韦,即韦澳,唐代官员。呈身,主动投靠。据《旧唐书·韦澳传》,韦澳登第后,十年不曾选官,其兄韦温与御史中丞高元裕有交情,向高元裕请求让弟弟担任御史,又对韦澳说:"高元裕现做御史台的长官,想和你见一面,你一定能做御史。"韦澳沉默不答。韦温又说:"高元裕是正人君子,你不可轻视他。"韦澳说:"然而,恐怕没有'呈身御史'的说法啊。"终究也没有登门拜访高元裕。

【译文】

暴胜之奉汉武帝之命,持斧钺巡行郡国,威名大振,隽不疑劝他以恩济威,为暴胜之所采纳;汉顺帝命张纲巡行州郡,察访民情,张纲埋所乘车轮于洛阳都亭,上疏抨击权臣梁冀兄弟。孙抃推荐素不相识的唐介、吴敦复为御史,说自己不搞"识面台官";韦澳登第后,坚持不做"呈身御史"，不去见与哥哥有交情的御史中丞高元裕，以求御史一职。

令公请税^①，长孺输缗^②。白州刺史^③，绛县老人^④。

【注释】

①令公请税：令公，古人对尚书令、中书令的尊称。这里指裴楷（237—291），西晋官员。据《晋书·裴楷传》，裴楷做中书令时，梁王司马彤、赵王司马伦在朝廷内非常有地位，裴楷每年向他们求取封国内的田租百万钱，用来抚恤穷人。有人讥刺裴楷说："你怎么找人要钱来供自己做好事啊？"裴楷说："把有余的部分拿来补给不足的人，这是符合天道的。"

②长孺（rú）输缗（mín）：长孺，即杨长孺（1157—1236），宋代官员。输，输送、缴纳。缗，古代计量单位。钱一串为一缗，常例以一千文为缗（但根据不同时代的规定，也有以七百文至九百文为缗的），故也以"缗"代指"钱"。据《鹤林玉露·诚斋盛事》，杨万里、杨长孺父子视金玉如粪土，杨长孺做广东经略安抚使，即将离任之前，把所积累的俸禄七千缗都用来替贫民交租，其家反而朴陋如田舍翁，三世无增饰。

③白州刺史：白州，唐代州名。在今广西博白。刺史，唐代一州最高长官。据《云仙杂记》，唐代文人薛稷曾作文"为纸封九锡，拜楮（chǔ）国公，白州刺史，统领万字军界道中郎将"。所谓"楮国公"，是因为当时造纸用楮树皮，"白州"是因纸的白色引起联想，"万字军"则是因为纸是用来写字的。这是唐宋文人所喜好的一种游戏文章。按，《云仙杂记》所记薛稷给笔、墨、纸、砚加九锡之轶事，分见于四种不同的文献，极不可信。

④绛（jiàng）县老人：绛县，县名。在今山西运城，春秋时为晋国国都。据《左传·襄公三十年》，晋悼公的夫人招待在杞地筑城的

工人，有一位绛县的老人，无子，也参加了宴会。在宴会上有人问他的年龄，他说："我不知道年纪，只知道我生那年正月初一是甲子日（六十天一个甲子日），现在我已经过了四百四十五个甲子了。"吏人到朝中询问，算出老人已经七十三岁。正卿赵武把老人请来，向他道歉说："让您在泥水里工作了这么久，是我的错。"于是任命老人做官。本来赵武想让他辅佐自己，老人以年老的缘故推辞了，于是让他做国君身边主管衣服的官员，又任命他主管绛县的民政，同时又罢免了主管征发劳役的官员，因为这位官员征发孤寡老人服役。

【译文】

裴楷做中书令时，每年向梁王、赵王求取田租来救济穷人；杨长孺罢广东安抚使，将俸禄七千缗输纳官库，以抵贫民的租税。薛稷作游戏文章，封纸为白州刺史；赵武得知绛县有古稀老人仍服劳役，就任命老人为官，并罢免了征发劳役的官员。

景行莲幕①，谨选花裀②。郗超造宅③，季雅买邻④。

【注释】

①景行莲幕：景行，即庾杲之（441—491），南齐官员。莲幕，即"莲花幕"，对幕府的美称。据《南史·庾杲之传》，南齐初，庾杲之任尚书左丞，卫将军王俭看重庾杲之，对人说："昔日袁公（按，指刘宋末期的大臣袁粲）做卫将军时，曾想要我担任长史，虽未实现，但意向确实是这样的。如今，也需要如我一样的人来担任此职。"于是转庾杲之为卫将军长史。安陆侯萧缅给王俭写信说："您的幕府要选拔一位长史，确实是很不容易的。庾景行在绿水上泛舟，身边到处都是荷花，多么美好啊。"当时人把王俭的幕府称为"莲花池"（按，《南齐书·庾杲之传》作"芙蓉

池"），所以萧缅来信这样称赞。

②谨选花裀（yīn）：谨选，即许慎选，唐代官员。花裀，花做成的褥垫。据《开元天宝遗事》，学士许慎选生性旷达，不拘小节，和亲友在花圃中饮宴，从来不张设帷幕、安排座位，而是让仆人把落花扫到一起铺成坐垫，并说："我有花做成的褥垫，还需要其他的坐具吗？"按，许慎选，明何良俊《语林》等书多作"许谨选"，盖南宋人避孝宗嫌讳，改"慎"为"谨"，明人纂录之时未加辨证，仍宋人之旧贯，《龙文鞭影》则再抄自明人之书，沿袭其误。

③郗（chī）超造宅：郗超（336—378），东晋官员。据《世说新语·栖逸》，郗超只要听说有人想要做隐士，就为他准备百万钱的资产，还替他造房子，以使他生活无忧。戴逵到剡县（今浙江嵊州）隐居，郗超就为他建了一座精美齐整的住宅，戴逵刚到那里居住时，写信对亲友说："最近到剡县去，看到住处简直像官员的住宅一样。"

④季雅买邻：季雅，即宋季雅，梁朝官员。据《南史·吕僧珍传》，宋季雅自南康太守卸任回京，在重臣吕僧珍家附近买了一座住宅。吕僧珍问他花费多少，回答说："一千一百万钱。"吕僧珍觉得太贵，宋季雅说："百万买宅，千万买邻。"后来吕僧珍得了儿子，宋季雅去道贺，送钱一千，都是用黄金铸成的。吕僧珍于是向梁武帝推荐宋季雅，称其有才，梁武帝遂用宋季雅为壮武将军、衡州刺史。宋季雅赴任时，对亲人说："不能辜负吕公。"在衡州任上果然大有政绩。

【译文】

王俭的幕府被称为"莲花池"，庾杲之出任卫将军王俭的长史，被赞为"泛渌水，依芙蓉，何其丽也"；许慎选与亲友聚饮于花圃，让童仆将落花扫在一起，当作坐垫。郗超为戴逵造宅，极其精整，戴逵觉得如同官舍；宋季雅花重金在吕僧珍家附近买下住宅，自称"百万买宅，千万买邻"。

寿昌寻母^①,董永卖身^②。建安七子^③,大历十人^④。

【注释】

① 寿昌寻母:寿昌,即朱寿昌,宋代官员,以孝闻名。据《梦溪笔谈·人事一》,朱寿昌是工部侍郎朱巽之子,其母身份低微,朱寿昌少年时长于贫家(按,据《宋史·孝义传》,朱寿昌母刘氏是朱巽之妾,刚怀孕就被遣出改嫁,故朱寿昌幼年在朱家之外度过),十几岁(《宋史》作"数岁")才回到父亲身边,从此不知母亲去向,哀痛思慕不已。朱寿昌长大后,辞去官职寻找母亲,又刺血写经,以求佛祖保佑。他寻找了很多年,终于有一天走到河中府(今山西蒲州,《宋史》作"同州",则是今陕西大荔),找到了母亲,将她迎回家奉养,非常孝顺。按,据文同《送朱郎中诗序》,朱寿昌为官后一直希望找到母亲,但真正辞官寻母是熙宁二年(1069)的事情,次年即见母于同州,其间一年有余而已。

② 董永卖身:董永,西汉人。据《搜神记》,董永父亲去世后,没有钱埋葬,于是把自己出卖为奴,为父亲办丧事。买主知道董永有德行,给了他一万钱,就让他回家去了。董永葬父之后,又服了三年丧,要去买主那里服役,路上遇到一个女子,主动要求做他的妻子,于是两人一起去见买主。买主说:"那一万钱本来就是送给你的。"但董永坚持要求服役偿债,于是买主就让董永的妻子织一百匹缣来偿还借款,董永的妻子只用十天就织完了,告诉董永说:"我是天上的织女,因为你孝顺,天帝让我来帮你偿还债务。"说完凌空而去。

③ 建安七子:建安,汉献帝的年号,使用时间为公元196至220年。子,古人对有学问、有成就者的尊称。建安七子是汉建安年间七位文学家的合称,包括孔融、陈琳、王粲、徐幹、阮瑀、应玚、刘桢。其说最早见于曹丕《典论·论文》:"今之文人,鲁国孔融文举、广

陵陈琳孔璋、山阳王粲仲宣、北海徐幹伟长、陈留阮瑀元瑜、汝南
应场德琏、东平刘桢公幹。斯七子者,于学无所遗,于辞无所假,
咸以自骋骥騄于千里,仰齐足而并驰。"

④大历十人:大历,唐代宗的年号,使用时间为公元766至779年。
唐代宗统治期间,有十位诗人名声大致相当,分别是卢纶、吉中
孚、韩翃、钱起、司空曙、苗发、崔峒、耿湋、夏侯审、李端,被合称
为"大历十才子"。其说最早见于姚合《极玄集》:"李端,字正己,
赵郡人,大历五年进士。与卢纶、吉中孚、韩翃、钱起、司空曙、苗
发、崔峒、耿湋、夏侯审唱和,号十才子。"

【译文】

朱寿昌少年时与母亲失散,成年后辞官寻母,终于将母亲迎回家中
奉养;董永为葬父自卖为奴,天帝派来织女为他织布还债。汉献帝建安
年间,孔融、陈琳、工粲、徐幹、阮瑀、应场、刘桢号称"-七子";唐代宗大历
年间,卢纶、吉中孚、韩翃、钱起、司空曙、苗发、崔峒、耿湋、夏侯审、李端
号称"十才子"。

香山诗价①,孙济酖缉②。令严孙武③,法变张巡④。

【注释】

①香山诗价:香山,即白居易(772—846),唐代诗人,晚年自号香山
居士。诗价,卖诗的钱。据元稹《白氏长庆集序》,白居易的诗流
行当世,甚至到了"禁省、观寺、邮堠、墙壁之上无不书,王公妾
妇、牛童马走之口无不道。至于缮写模勒,炫卖于市井,或持之
以交酒茗者,处处皆是。其甚者,有至于盗窃名姓,苟求自售"的
地步。鸡林国(即新罗,唐代统治朝鲜半岛的政权)的商人到唐
朝来,求购白居易的诗,心情颇为迫切。据商人说,他们回国将
诗卖给本国宰相,每篇可以卖到一两黄金。如果伪诗的模仿程

度太差，不像是白居易所作，宰相也能辨别出来。

②孙济酤（gū）缗（mín）：孙济，东汉末人。酤缗，酒钱。据《分门集注杜工部诗》所引伪王洙注，孙权的叔叔孙济生性嗜酒，不经营产业，曾经对人说："寻常行坐处（按，意即'到处'）欠人酒债，欲质此缗袍偿之。"仇兆鳌作《杜诗详注》，说："考《吴志（书）》初无此事。"按，此说确不见于《三国志·吴书》及裴注，为托名王洙者所杜撰。王洙（997—1057），北宋官员，藏书极精，博览强记，故作伪者托其名。

③令严孙武：令严，号令严明。孙武，春秋时军事家，通常称为"孙子"。据《史记·孙子吴起列传》，孙武以兵法见吴王阖庐，吴王把宫中美女交给孙武，让他训练。孙武把宫女分成两队，任命吴王的两个宠姬为队长。一开始，宫女们以之为戏，在孙武击鼓传令时嬉笑，孙武多次重申军令仍无效，遂下令将队长处斩以肃军纪，虽吴王求情也不赦免。杀了两个队长后，孙武任命身份次于两人的宫女接任队长，再进行训练时，宫女们就非常有秩序了。

④法变张巡：法变，改变法度。张巡（708—757），唐代官员。据《新唐书·忠义传中》，张巡守睢阳，用兵不依古法，让各军的主将各照各的办法作战。有人问他为何这样，张巡回答说："上古时人情敦朴，所以军队分为前后左右，大将居中，三军望之以为进退；如今胡人用兵一心冲杀，合则如云，散则如鸟，变化多端。所以我只让士兵了解将领的意愿，将领了解士兵的想法，上级下级互相熟悉，各军都按照自己的办法去打仗，不作统一的约束。"

【译文】

白居易的诗，在鸡林国价值每篇一两黄金；孙济嗜酒，自称到处欠债，想要抵押身上穿的缗袍来还债。孙武以练女兵为吴王演示兵法，为严肃军令，杀了吴王的两个宠妃；张巡守睢阳城时，让各军将士各自发挥战法，不以统一的规范来约束他们。

更衣范冉①,广被孟仁②。笔床茶灶③,羽扇纶巾④。

【注释】

①更衣范冉:更衣,改换衣物。范冉(112—185),即范丹,东汉名士。据《太平御览·服章部八·单衣》引谢承《后汉书》,尹苞与范冉都是陈留郡人氏,关系很好。两人都很贫穷,出入只能合穿一件单衣(一种没有里子,上衣下裳连缀在一起的长衣)。去拜访别人,到了门外,尹苞因为年长,就先穿上单衣进去拜见,过一会儿出来,再把衣服脱给范冉穿上进去。按,范冉之名,范晔《后汉书·独行列传》作"范冉",但《东观汉记》与蔡邕为其所作碑文皆作"范丹",当以"范丹"为是。

②广被孟仁:广被,大尺幅的被子。孟仁,即孟宗,吴国大臣,位至司空。据《三国志·吴书·三嗣主传》裴注引《吴录》,孟宗少年时跟着南阳人李肃学习,他的母亲特意为他做了大被厚褥。有人问为什么这样,母亲说:"我的儿子没有能招致宾客的德行,但学者大多贫困,所以我为他做了大幅的被子,希望他能和气类相同的人结交。"孟宗读书日夜不懈,李肃觉得他不一般,称赞道:"卿宰相器也。"按,孟宗于吴末帝孙皓即位后,因避其讳(孙皓字元宗),改名仁,字恭武。

③笔床茶灶:笔床,即笔架。茶灶,煮茶的灶。据《全唐文·甫里先生传》,甫里先生在天气寒暑适中、身体无恙时,常乘一艘小船,带着一些书籍、茶灶、笔床、钓具,让一人摇船,到处游玩,所到之处如果有不称心的地方,就直接回转,不稍作停留。按,《甫里先生传》是陆龟蒙的自传,所谓甫里先生的这种生活方式,实际是陆龟蒙的夫子自道。

④羽扇纶(guān)巾:羽扇,用羽毛做成的扇子。纶巾,古代一种头巾,一般为青色,用丝带编成。相传为诸葛亮所制,也称"诸葛

巾"。据《语林》，诸葛亮与司马懿将要在渭水之滨交战，司马懿穿了一身铠甲准备上阵，派人去刺探诸葛亮的情况，看到诸葛亮坐在没有装饰的小车上，头戴葛巾，手持白羽扇，指挥三军，蜀汉全军都随着诸葛亮的指挥行动。司马懿听说后叹息道："真可以说是名士了。"

【译文】

范冉和好友尹苞都很贫困，两人出行时只能穿一件单衣，到别人家拜访时，轮流换衣入内；孟宗少年出外求学，母亲为他做了大被厚褥，希望他能与贫困而有学问的人结交。陆龟蒙自述生活，说自己身体无恙时，常乘小船，带着笔床、茶灶等物，四出游览；诸葛亮与司马懿将战于渭滨，乘素舆，戴葛巾，持白羽扇指挥三军，司马懿叹其为名士。

灌夫使酒^①，刘四骂人^②。以牛易马^③，改氏为民^④。

【注释】

①灌夫使酒：灌夫（？—前131），西汉官员。使酒，借着喝酒惹是生非。据《史记·魏其武安侯列传》，灌夫为人刚直，不喜欢奉承人，常因为喝酒闹事。尊贵有权、在自己之上的外戚大臣，一定会遭到灌夫的侮辱；越是贫贱、地位不如自己的士人，灌夫对他们反而越恭敬，甚至与他们分庭抗礼。后来灌夫牵涉到魏其侯窦婴与武安侯田蚡的矛盾中，又在田蚡举办的宴会上使酒骂座，导致宴会不欢而散，且不肯向田蚡谢罪，故田蚡以灌夫家族在颍川横行霸道之罪，奏上武帝，将灌夫诛杀，并牵连了力救灌夫的窦婴。

②刘四骂人：刘四，即刘子翼，隋唐间人。骂人，这里指严厉地批评人。据《旧唐书·刘祎之传》，刘子翼在隋时任秘书监（按，《新唐书·刘祎之传》作"著作郎"），善于吟诗，既有学问，品行

也很出众。刘子翼生性正直，不容妄为，见同僚有过错，就当面提出批评。隋唐时期著名的史学家李百药是刘子翼的朋友，对人说："刘四虽然严厉批评人，可从来没有人恨他。"按，唐宋时，朋友之间习以排行相称，刘子翼盖排行第四，故李百药称之为"刘四"。

③以牛易马：牛，牛姓。易，换。马，司马姓。据《晋书·元帝纪》，图谶《玄石图》中有"牛继马后"之语，晋宣帝司马懿担心牛氏取代自己，于是制造了一种内部可以分装毒酒和好酒的酒壶，但外面只有一个壶口。司马懿用这种壶请部将牛金饮宴，自饮好酒，而以毒酒鸩杀牛金。不料，晋元帝司马睿的母亲琅琊王妃夏侯氏与小吏牛某通奸，生下元帝。西晋之末，晋朝皇室大部被俘被杀，元帝在建康（今江苏南京）登基称帝，于是牛氏之子终于取代了司马氏。按，"牛继马后"之谶，在魏晋南北朝时期流传甚广，沈约《晋书》好采奇说，云元帝为牛氏子，又为魏收《魏书·僭晋司马睿传》所采用，但当时学者王劭、宋孝王都予以驳斥，见刘知幾《史通·杂说中》。

④改氏为民：氏，氏姓。为，因为。据《三国志·吴书·是仪传》，是仪本姓为"氏"，仕郡为吏，国相孔融对他说："氏字的样子就像'民'没有上面的一笔，'民无上'不好，还是改成'是'吧。"故由此改姓为是。东晋官员徐众作《三国志评》，对此事表示不满，说："古代建立姓氏，或以所生，或以官号，或以祖名，都是有所取义的，故能明辨氏族。如今孔融拆解文字，横生忌讳，让他改姓，既显得忘本，又变乱祖先名讳，岂不荒谬？一个教人改易姓氏，另一个听人的话就把姓氏改了，孔融当然有过失，是仪也做得不对啊。"

【译文】

灌夫好酒生事，在宴席上当场借酒侮辱丞相田蚡，招来杀身之祸；

刘子翼对人从来都当面提出批评，时有"刘四虽复骂人，人都不恨"的说法。传说晋元帝司马睿为母亲与小吏牛某的私生子，应"牛继马后"之谶语；是仪本姓"氏"，由于孔融说"氏"字形似"民无上"，为避忌讳，遂改姓"是"。

圹先表圣^①，灯候沈彬^②。

【注释】

①圹（kuàng）先表圣：圹，坟墓。表圣，晚唐诗人司空图的字。据《旧唐书·文苑传下》，司空图出仕唐朝，累官知制诰、中书舍人，颇受重用。但他看到时局混乱，就决意脱离宦海，几次被召为侍郎，都设法辞退。晚年隐居中条山王官谷，预先为自己建造坟墓、拟定遗嘱。有故人来访，司空图就把朋友带到预建的坟墓里，一起作诗喝酒。有的朋友觉得不吉利，有为难的神色，司空图就说："对达观的人来说，阴世阳间没有区别，暂且在这里待一会儿，就更不算什么了。你怎么就看不开呢？"

②灯候沈彬：候，等候。沈彬，五代南唐文人。据《诗话总龟》引《江南野史》，沈彬临终时，为家人指出自己未来的墓地。去世后，家人遵命挖掘所指之地，发现那里是一座空墓，石台上有漆灯一盏，墓头还有一座铜碑，上面刻着："佳城今已开，虽开不葬埋。漆灯犹未灭，留待沈彬来。"据说沈彬的家人就把他葬在了那里。

【译文】

司空图生前就为自己挖掘修建了坟墓，还带来访的朋友到墓中饮酒；沈彬临终前自选埋葬之地，家人在该处挖出一个空墓，墓中铜碑上有"漆灯犹未灭，留待沈彬来"的句子。

十二文

谢敷处士^①,宋景贤君^②。景宗险韵^③,刘辉奇文^④。

【注释】

①谢敷(fū)处士:谢敷(313—362),东晋隐士。处士,有才德而隐居不做官的人。据《晋书·隐逸传》,谢敷是会稽(今浙江绍兴)人,隐居在太平山十多年,不接受国家的任命。晋哀帝隆和元年(362),月亮运行到少微星(处士星)区,占卜的人认为对隐士不利。当时吴郡戴逵声望很高,有人担心要应验在他身上,不料不久却是谢敷去世了,会稽人因此嘲笑戴逵说:"吴郡的高士啊,想死都死不了。"按,《史记·天官书》云:"曰少微,士大夫。"《晋书·天文志》亦云:"少微四星在太微西,士大夫之位也。一名处士。"故时人以为月犯少微对处士不利。

②宋景贤君:宋景,即宋景公,春秋时宋国国君。据《淮南子·道应训》,宋景公时,荧惑星(火星)运行到心宿(星宿名。西方天文学上属天蝎座)星区,预示皇室将有灾祸。司星官(主掌观测天象)子韦占卜说:"灾祸将降在国君身上,不过可以移给国相。"景公说:"国相是和我一起治理国家的人。"子韦又说:"可以移到民众身上。"景公说:"民众死了,我是谁的君主?"又说:"可以移到年景上。"景公说:"年景不好,百姓都要饿死,谁还能把我当成君主?你不要再说了。"子韦下拜说:"您说了三句符合国君身份的话,上天一定会奖赏您,使荧惑星退离三舍(按,这里的一舍指七里),且为您延寿二十一年。"当晚,荧惑星果然退离心宿三舍。按,古人认为心宿代表梁宋之地,荧惑星则是灾难的征兆,故子韦这样说。

③景宗险韵:景宗,即曹景宗(457—508),南朝梁名将。险韵,难押的韵。据《南史·曹景宗传》,曹景宗与北魏作战,大胜归来,梁

武帝设宴招待凯旋将士。在宴席上,梁武帝让群臣作诗,曹景宗不得韵,颇觉不平,也请求参与,梁武帝劝阻不成,遂命尚书左仆射沈约(我国历史上著名的音韵学家)赋韵。当时韵脚只剩下"竞""病"二字,非常难押韵,不想曹景宗提笔写道:"去时儿女悲,归来笳鼓竞。借问行路人,何如霍去病?"梁武帝赞叹不已,沈约及朝中大臣也非常惊讶。

④刘辉奇文:刘辉(1031—1065),初名刘几,北宋进士。奇文,文辞诡异。据《梦溪笔谈·人事》,刘几写文章喜欢用险怪的词句,累次在太学考试中夺魁,一时得到很多人效仿,但欧阳修深恶他的文风。后来欧阳修知贡举,看到有考生在策论中写道:"天地轧,万物茁,圣人发。"欧阳修说:"这一定是刘几。"遂戏续之曰:"秀才剌(剌,乖谬之意),试官刷。"用大红笔在考卷上从头至尾大笔涂抹,又大书"纰缪"两字,将考卷贴到外面公示,拆封一看,果然是刘几写的。过了几年,欧阳修出任殿试的考官,见刘几也来参加考试,仍有意针对他,却误黜落了吴人萧稷。又见一人在赋中写道:"故得静而延年,独高五帝之寿;动而有勇,形为四罪之诛。"欧阳修非常欣赏他,擢为第一。放榜后,得知此人名叫刘辉。这时,有人对欧阳修说:"这就是刘几,只是改名了。"欧阳修闻言愕然。

【译文】

东晋时,月亮移动到少微星区,时人以为对处士不利,不久谢敷去世;春秋时,火星移动到心宿星区,司星官子韦占卜,认为对宋景公不利,但可以将灾祸转移,被宋景公拒绝。曹景宗在凯旋宴会上赋诗,押了"竞""病"两个险韵,为梁武帝和大臣所惊叹;刘辉文风奇险,为欧阳修所黜落,但后来改变文风,又被欧阳修选中,位列第一。

袁安卧雪^①，仁杰望云^②。貌疏宰相^③，腹负将军^④。

【注释】

①袁安卧雪：袁安，东汉大臣。据《后汉书·袁安传》李贤注引《汝南先贤传》，一年冬日，天降大雪，洛阳令出门巡视，见各家多把门口的雪扫出来，有的人还上街乞食。走到袁安门口，发现门前积雪甚多，没有路径，以为袁安已经死了，就命人扫除积雪进门，发现袁安僵卧在屋中。洛阳令问袁安为何不出门向人求助，袁安说："天降大雪，各家都有饥饿之忧，向别人求助不合适。"洛阳令认为袁安贤能，就举荐他为孝廉。按，依东汉制度，举孝廉是本郡守相的权力，袁安是汝南汝阳人，不当由洛阳令举为孝廉，疑此"洛阳"为"汝阳"之误。

②仁杰望云：仁杰，即狄仁杰。据《旧唐书·狄仁杰传》，狄仁杰自汴州（今河南开封）判佐迁为并州（今山西太原）都督府法曹参军，而父母住在河阳（今河南孟州）的别业。狄仁杰去并州赴任时，要翻越太行山，在山上向南望去，看见一片白云，叹道："我父母住的地方，就在云的下面。"于是伫立着远望白云，直到云移走了才离去。后世遂用"白云亲舍""白云孤飞"等作为客居他乡、思念父母之辞。

③貌疏宰相：貌疏，形貌丑陋。宰相，指王钦若。宋真宗、宋仁宗时期两度担任宰相。据《湘山野录》，王钦若入京应试，去拜见钱易。当时钱易恰好请了术士为自己算命，拒绝见客，王钦若遂与守门人争执起来。术士听到王钦若的声音，对钱易说："如果声音与形貌相符，就是极为尊贵的人，只怕形貌不符。请您接见他，让我也看一看。"钱易召王钦若进见，见他身形瘦弱，颈上有瘤，举止粗野，对他颇为轻蔑，术士则悚然侧目而视。王钦若离开后，术士叹道："世间贵人，居然有这样十全十美的。"钱易说：

"政事堂还有这样的宰相吗?"术士正色道:"您怎能这么说? 此人不做宰相则已,做宰相则天下康宁,君臣相得。不足之处,就是没有儿子罢了。"钱易开玩笑道:"莫非以后我辈也要被他提拔吗?"术士答道:"恐怕不在以后,只在近日,请您不要忽视。"后来钱易做到翰林学士时,王钦若已经拜相,果如术士之言。按,王钦若为宋太宗淳化三年(992)进士,宋真宗咸平四年(1001)拜参知政事,钱易则咸平二年(999)始中进士,《湘山野录》谓钱易"以才名独步馆阁",则此事当发生在景德五年(1008)宋真宗封禅泰山,钱易因献赋获迁太常博士、直集贤院之后,此时王钦若已以尚书左丞知枢密院事,可知此事必为妄传。

④腹负将军:腹,肚子。负,对不起。据苏轼《闻子由瘦,儋耳至难得肉食》诗"从来此腹负将军,今者固宜安脱粟"句自注,有俗谚说,大将军吃饱后拍着肚子叹道:"我可没有对不起你啊。"身边的亲信说:"将军固然没有对不起肚子,然而肚子对不起您,从来就没出过些许智谋。"按,此将军之事,东坡谓"俗谚云",南宋初吴坰《五总志》亦记之,曰"古谚云",其后南宋洪咨夔等数人作诗亦用此典,应为两宋民间流行的故事。至明代,有学者始谓此大将军为党进。党进(927—978),北宋初名将,敦谨朴直,目不知书,然而骁果善战,非"腹负将军"之比。

【译文】

冬日大雪,洛阳居民多外出扫雪,筹谋生计,袁安独僵卧屋中,不事干求;狄仁杰到并州做官,过太行山时看到南面天空中有白云,想起了在河阳的父母,遂瞻望许久。王钦若未第时见钱易,因相貌丑陋遭到蔑视,而有术士预言他当为宰相,后果如其言;宋时有将军饱食后自谓"不负其腹",而左右嘲以"此腹负将军",没有出过什么智谋。

梁亭窃灌^①，曾圃误耘^②。张巡军令^③，陈琳檄文^④。

【注释】

①梁亭窃灌：梁亭，梁国的边亭。亭，战国至秦汉时期的基层行政单位，在乡以下里以上。窃灌，偷偷浇水。据《新序·杂事》，梁国和楚国是邻国，两国的边亭都以种瓜为生。梁人勤于浇灌，瓜长得好；楚人不勤浇水，瓜长得差。楚人嫉妒梁人，夜里偷偷去扰动梁人的瓜，有的瓜苗都死掉了；梁人发觉后，也想照样报复回去。宋就正好做梁国边县的县令，知道此事后，对梁人说："你们偷偷给楚国的瓜浇水，不要让他们知道。"那一年，楚国的瓜长得很好，楚人探知是梁人帮着浇水的缘故，上报给楚王，楚王得知后非常羞愧，于是送来重礼，与梁国交好。

②曾圃（pǔ）误耘（yún）：曾圃，曾参的菜地。耘，耕种。据《说苑·建本》，曾参给瓜锄草时，不小心斩断了瓜根，父亲曾皙非常生气，用大杖打他，打得曾参昏倒在地。过了一会儿，曾参从地上爬起来，对父亲说："刚才我得罪了您，您用力教导我，没有因此不舒服吧？"退下后，又弹琴唱歌，想让父亲知道自己无恙。孔子听说以后告诉门徒："曾参来了的话，不要让他进来。"曾参自认没有犯错，托人向孔子谢罪，孔子说："舜侍奉父亲瞽叟，瞽叟需要他做事的时候，舜没有不在身边的，但想要杀舜的时候，永远找不到他。所谓小棰则待，大棰则走，说的就是要躲避暴怒。你放弃自己的身体，等待父亲的暴怒，你死了，把父亲陷于犯罪，不义不孝，还有比这更严重的吗？"按，此事又见《韩诗外传》卷八，但仅云"曾参尝有过"，不言"耘瓜断根"。

③张巡军令：军令，军中的号令。据《新唐书·忠义传》，雷万春在张巡部下做偏将，安史叛军将领令狐潮率军围雍丘，雷万春在城上与他对话，令狐潮伏下弓弩手，连发六箭，射在雷万春脸上，雷

万春一动不动。令狐潮看到这样的情景，以为是用木头刻成人像欺骗他，后来侦察得知是真人，大惊，在城下对张巡说："之前看到雷将军，知道你的军令有多严格了。"

④陈琳檄（xí）文：陈琳（？—217），东汉末文学家。檄文，古代用在公开用途上（如征召、晓谕等）的一种公告性文书，也指上级对下级的行文。据《三国志·魏书·王粲传》裴注引《典略》，陈琳曾经奉命写书信和檄文，写成草稿后，呈给曹操看。曹操原有头痛病，这一天正好犯病，只能躺着读陈琳的作品，读着读着就忽然坐了起来，说："你的文章治好了我的病。"于是厚赐陈琳。按，《三国演义》将这一情节移至袁、曹交兵，陈琳所作《为袁绍檄豫州》一文为曹操所见时，然据《典略》，此事当发生于陈琳归曹操，为曹操管记室之时。

【译文】

梁、楚两国相邻，楚人破坏梁人的瓜田，梁人反而为楚田浇水，楚王得知后，遂与梁国交好；曾参锄瓜时误断瓜根，被父亲打昏，孔子得知后，责怪曾参不能避开父亲的暴怒，有陷父亲于不义的罪过。雷万春脸上中箭，仍坚立不动，令狐潮由此看到张巡军令之严；陈琳为曹操作书檄，曹操读了之后，连头痛都好转了，遂厚赐陈琳。

羊殖益上①，宁越弥勤②。蔡邕倒屣③，卫瓘披云④。

【注释】

①羊殖益上：羊殖，春秋时晋国大夫。益，更加。上，上进，出色。据《说苑·善说》，赵简子问成抟："我听说羊殖是贤能的大夫，到底是怎样的人？"成抟回答说："我不了解他。"赵简子说："我听说你们是好友，你却说不了解他，为什么呢？"成抟说："他的为人发生过几次变化：十五岁时，他廉洁而不隐瞒过错；二十岁时，仁厚

而重正义；三十岁时，做中军尉，勇敢而有仁爱之心；五十岁时，做边城的将领，能让远方的人亲附他。如今我和他已五年不见，恐怕他又发生了变化，所以不敢说了解他。"赵简子说："果真是贤能的大夫啊，每次发生变化，都更加出色。"

②宁越弥勤：宁越，战国时学者。弥，更加。据《吕氏春秋·不苟论》，宁越是中牟的平民，苦于耕田的辛劳，就询问朋友："怎样做才能不受这种苦？"朋友说："没有比学习更好的办法，勤学三十年，就能显达了。"宁越说："这么说，我加倍努力学十五年就可以了。别人休息，我不休息；别人睡觉，我不睡觉。"于是勤学十五年，做了周威公的老师。

③蔡邕（yōng）倒屣（xǐ）：蔡邕（133—192），东汉文学家。倒屣，倒穿鞋子。屣，古代鞋子的一种。据《三国志·魏书·王粲传》，汉献帝西迁，王粲跟着迁到长安，左中郎将蔡邕见到他，觉得他很不一般。当时蔡邕正以才学出众，显贵于朝廷，家中经常有很多宾客，但听说王粲到了门口，就激动得倒穿着鞋子出迎。王粲当时年轻，又长得矮小，客人们见到蔡邕对他如此看重，都很惊讶。蔡邕说："这是王公（指汉灵帝时曾任司空的王畅）的孙子，有异才，我不如他。我家的书籍文章，全都会送给他。"

④卫瓘（guàn）披云：卫瓘（220—291），西晋官员。披云，拨开云雾。据《世说新语·赏誉》，尚书令卫瓘见到乐广与当时的名士们谈论，感叹道："自昔日那些人（按，指何晏、王弼等'正始名士'）去世以来，常恐精微的言论自此断绝，今天又在您这里听到了这样的言论。"于是命子弟们去拜访乐广，说："此人，人之水镜也，见之若披云雾睹青天。"

【译文】

赵简子向成抟问羊殖的为人，成抟说羊殖的为人经常变化，总是越来越出色；宁越苦于耕种之辛劳，日夜勤学，最终做了周威公的老师。

蔡邕倒穿鞋子出迎形貌短小的王粲，以"异才"相许；卫瓘见乐广与名士清谈，分析入微，遂命子弟拜访乐广，赞以"拨云见日"。

巨山龟息^①，遵彦龙文^②。

【注释】

①巨山龟息：巨山，即李峤（645—714），唐代大臣。龟息，像乌龟一样呼吸。据《太平广记·相一》引《定命录》，李峤有兄弟五人，都没有活过三十就去世了，母亲很担心他，请术士袁天纲（俗写为"罡"）预测李峤的寿命。袁天纲认为李峤也活不过三十，李峤不信，母亲就设宴请袁天纲到家中来为李峤诊视。袁天纲看了后，说："已经确定了。"又请求与李峤在书斋同榻坐寝来观察卧相，发现李峤睡着后没有鼻息，仔细审视，才发现李峤改以耳朵呼吸。于是袁天纲祝贺李峤的母亲，说："多次诊视都没看出结果，现在明白了。郎君一定能贵显而长寿，这是龟息之相啊。只是虽贵显、长寿而不能富。"后来果然应验。

②遵彦（yàn）龙文：遵彦，即杨愔（yīn，511—560），北齐大臣。龙文，古代的骏马。据《北齐书·杨愔传》，杨愔为弘农华阴（今陕西华阴）人，小时候沉默寡言，而风度深沉，不好玩耍，六岁读史书，十一岁学《诗经》《周易》，喜好《左氏春秋》。当时，弘农杨氏是一个四世同堂的大家族，在一起读书的兄弟有三十多人，学馆庭院里有柰（即沙果）树，果子落地，孩子们都去争抢，只有杨愔一人坐着不动。叔父杨暐恰好到学馆来，看到杨愔这样，大为赞叹，回头对宾客说："这孩子恬静宽裕，有我家的风气。"遂为杨愔在竹林旁修建了一所房屋居住，又特别用铜盘给他送饭吃。堂兄杨昱也非常器重杨愔，说："这孩子乳牙未落，就已经算得上我家的龙文名马；再过十年，就只能到千里之外去寻求了。"

【译文】

袁天纲为李峤看相,认为他有龟息之相,将来能做大官、长寿,但不会富裕,后来果然应验;杨愔幼年不好玩耍,一起上学的同族兄弟争抢落地的沙果,杨愔独坐不动,受到叔父的赏识,又被堂兄赞为"我家龙文"。

十三元

傲倪昭谏①,茂异简言②。金书梦珏③,纱护卜藩④。

【注释】

①傲倪(ní)昭(zhāo)谏(jiàn):傲倪,鄙视一切、骄傲的样子。昭谏,即罗隐(833—909),唐代诗人。据《尚友录》,罗隐性傲倪,为宰相郑畋所重,令狐绹的儿子令狐滈中进士,罗隐作诗向他表示祝贺,令狐绹对儿子说:"你中进士,我并不感到高兴,我所高兴的,是你能得到罗公的诗。"按,《尚友录》之文,大抵檃栝《唐诗纪事》所记成之,而《唐诗纪事》无"性傲倪"之语,盖罗隐有《送宣武徐巡官》诗,云:"傲睨公卿二十年,东来西去只悠然。"见其本集,《尚友录》所言或即取自此诗。罗隐性好讥刺,累触公卿、节帅,为《唐诗纪事》所记者甚多,谓之"傲倪",当亦不误。然据《北梦琐言》,罗隐受知于令狐绹,且绹以唐懿宗咸通元年(860)自宰相出为河中节度使,同年其子滈举进士,隐时年未满三十,谓之"罗公",恐为后人传言之误。

②茂异简言:茂异,才华出众,宋代制举名目有"茂材异等",亦简称"茂异"。简言,即吴简言,北宋官员、文人。据《永乐大典》,吴简言中宋太宗端拱二年(989)进士,调绵州(今四川绵阳)户曹,不久擢升茂异科,授秘书省著作佐郎。吴简言曾路过巫山神女庙,在庙中题诗道:"惆怅巫娥事不平,当时一梦是虚成。只因宋玉闲唇吻,流尽巴江洗不清。"当夜,吴简言梦见神女前来向他道谢,说:"您的诗语雅正,明天当以顺风表示谢意。"第二天开船之后,果然一帆风顺。

③金书梦珏（jué）：金书，用金字书写姓名。珏，即李珏（785—853），唐代大臣。据《太平广记·神仙三十一》引《续仙传》，李珏自宰相出为淮南节度使，到任后在斋中修道，梦入神仙洞府，看见一面光莹的石壁上用金字写着一些名字，其中有名为李珏者。李珏看到之后非常高兴，觉得自己久历显官，出将入相，功德及于天下，必然是能够成仙的。这时，有两个童子从石壁左右出来，对李珏说："这不是相公的名字，是你的属民李珏。"李珏下令属县寻找此人，在江阳县（今江苏扬州）找到一个叫李珏的粮商，他卖米时每斗只挣两文钱的利润，以供养父母，而且买卖时让对方自己称量，非常宽厚。据说粮商李珏活到一百多岁时，果然成仙而去。

④纱护卜藩（fān）：纱护，用纱笼保护。藩，即李藩（754—811），唐代大臣。据《太平广记·定数八》引《逸史》，李藩未显达时，曾经向洛阳术士胡芦生问卜，胡芦生见到李藩，恭敬相迎，说："郎君贵人也。"李藩说："我既贫且病，还准备搬家到几千里外的扬州去，怎么说得上贵人呢？"胡芦生说："你是纱笼中人，怕什么困难。"李藩请问"纱笼"是什么意思，胡芦生不肯告知。后来李藩在扬州做了张建封的幕僚，有个新罗国僧人会相面，说张建封做不到宰相。张建封让他遍相幕僚，等到李藩进来时，僧人降阶相迎，对张建封说："李巡官是纱笼中人，您不及他。"张建封问何为纱笼中人，僧人说："如果是宰相，冥司一定暗中用纱笼保护着，恐怕被异物所扰，其他官员没有这样的待遇。"后来李藩果然做到宰相。按，据《旧唐书》本传，李藩未遇时，确曾读书于扬州，但做张建封的幕僚是在徐州。

【译文】

罗隐性情高傲，屡次触犯公卿大臣；吴简言中茂材异等科，后过巫山神女庙，题诗为神女打抱不平，夜梦神女来谢。李珏梦入神仙洞府，看到石壁上用金字写着自己的名字，以为有成仙之望，不料却是扬州粮商李珏；李藩不遇之时，被术士称为受保护的"纱笼中人"，后来果然官至宰相。

童恢捕虎^①，古冶持鼋^②。何奇韩信^③，香化陈元^④。

【注释】

①童恢捕虎：童恢，东汉官员。据《后汉书·循吏列传》，童恢做不其县令时，县民有被虎伤害的，于是设下陷阱捕捉老虎，捉到了两只。童恢听说后，从县衙中出来，对老虎说："天生万物，唯人为贵。虎狼应该吃六畜，却施暴于人。按照法律，杀人者死。你们如果是吃了人的，就低头认罪；没吃人的，可以呼号诉冤。"一只虎低头闭眼，另一只看着童恢吼叫，于是童恢处死低头的虎，把吼叫的放掉，县中吏民因此编出歌谣来赞扬他。

②古冶持鼋（yuán）：古冶，即古冶子，春秋时齐国人。鼋，一种大型龟鳖类动物。据《晏子春秋·内篇·谏下》，齐景公渡黄河时，一只大鼋咬住景公驾车的马，把马拖到砥柱（山名。在今河南三门峡黄河河道之中，今其地已为三门峡水库）的水里。景公的随从见到这样的情景，都很害怕，只有古冶子拔剑跳进河里，逆流百步，顺流九里，最终追上大鼋，将其杀死。他左手拽着被拖下水的马的尾巴，右手拎着鼋的头，从河里跳出来，看到的人都说："这是河伯呀。"

③何奇韩信：何，即萧何（？—前193），西汉初年政治家、开国功臣。韩信（？—前196），西汉开国功臣。据《史记·淮阴侯列传》，韩信多次与萧何谈话，萧何奇之。刘邦被封为汉王后，就国于南郑（今陕西汉中），部将纷纷逃亡，韩信觉得萧何等人已经多次向刘邦推荐过自己，但刘邦不肯任用，就也决意逃亡。萧何听说韩信逃走，来不及上报刘邦，自己前去追赶，终将韩信追回，并再次向刘邦推荐。刘邦听了萧何的意见，任命韩信为大将，遂听韩信之策，东出陈仓，以定关中。

④香化陈元：香，即仇览，东汉名士。陈元，东汉人。据《后汉书·循

吏列传》,仇览又名香,四十岁时,被本县召为蒲亭亭长。到任后,当地有个寡妇告儿子陈元不孝,仇览吃惊地说:"我近日到你家去,看到房屋整饬,耕耘按时,可见你儿子不是恶人,只是教化没有到位。你守寡抚孤,受苦到老,何必因为一时发泄愤怒,导致儿子陷于不义呢?"于是仇览亲自到寡妇家,与其母子共饮,为陈元讲述人伦孝行之事,并以祸福相警示,陈元因而改行为孝子。本乡为此事作歌谣云:"父母何在在我庭,化我鸱枭哺所生。"

【译文】

童恢在不其县做县令时,县民以陷阱捕得两虎,童恢让老虎自行"认罪",并杀死其中"服罪"者,受到县人赞颂;古冶子随齐景公渡黄河,有大鼋袭击景公的马,古冶子下河斩杀大鼋,携马以出。萧何以韩信为奇才,后听说韩信出逃,遂前往追回,并再向刘邦推荐,韩信终为大将;仇览做蒲亭亭长时,有寡妇告儿子陈元不孝,仇览前往寡妇家教化陈元,使其终为孝子。

徐幹《中论》①,扬雄《法言》②。力称乌获③,勇尚孟贲④。

【注释】

①徐幹(gàn)《中论》:徐幹(170—217),东汉末文学家。《中论》,是徐幹所著的一部政论性著作,《四库全书总目》列之于儒家。据《三国志·魏书·王粲传》所载魏文帝《与元城令吴质书》,曹丕认为,古今文人大多不顾惜小节,少有能以名节自立的,而徐幹深怀文采,却抱有质朴的本心,恬淡寡欲,有箕山之志,可谓彬彬君子,其所著《中论》二十余篇,辞义典雅,足传于后世。

②扬雄《法言》:《法言》,扬雄的著作。据《汉书·扬雄传下》,扬雄好古乐道,以为经莫大于《周易》,仿之作《太玄》;传莫大于《论语》,仿之作《法言》;史篇莫善于《仓颉》,仿之作《训纂》;箴莫善

于《虞箴》,仿之作《州箴》;赋莫深于《离骚》,仿之作《反离骚》;文辞莫丽于司马相如,仿之作《甘泉》《河东》《校猎》《长杨》四赋。《四库全书总目》卷九十一《子部一·儒家类一·〈法言〉提要》云:"考《汉书·艺文志》,儒家扬雄所序三十八篇,注曰'《法言》十三'。雄本传具列其目,……凡所列汉人著述,未有若是之详者,盖当时甚重雄书也。"又云:"若北宋之前,则大抵以(扬雄)为孟、荀之亚。"可见古人对于扬雄其人其书的重视。

③力称乌获:乌获,战国时秦国大力士。与任鄙、孟贲齐名。《史记·司马相如列传》:"臣闻物有同类而殊能者,故力称乌获,捷言庆忌,勇期贲、育。"按,乌获多力,屡见于古代文献,如《孟子·告子下》云:"有人于此,力不能胜一匹雏,则为无力人矣;今日举百钧,则为有力人矣。然则举乌获之任,是亦为乌获而已矣。"《荀子·富国》亦云:"近者竞亲,远方致愿,上下一心,三军同力;名声足以暴炙之,威强足以捶笞之,拱揖指挥,而强暴之国莫不趋使,譬之是犹乌获与焦侥搏也。"由此可知时人对乌获之力的认可。

④勇尚孟贲(bēn):孟贲,战国时齐国人,以勇力著称。据《吕氏春秋·孝行览》,孟贲有一次过黄河,抢在别人前面上船,船夫不知道他是孟贲,就呵斥他。船到河中心,孟贲发怒,大喝一声,眼眶都瞪裂了,头发直竖起来,船中的人吓得都掉到河里。按,此即古人所言"血气之勇"。又据《孟子·公孙丑上》,孟子的弟子公孙丑问孟子:"夫子加齐之卿相,得行道焉,虽由此霸王不异矣。如此则动心否乎?"孟子答道:"否。我四十不动心。"公孙丑遂赞叹道:"若是,则夫子过孟贲远矣。"可见战国时人将孟贲视为勇士的代表。

【译文】

徐幹著《中论》,以论述治国修身之道;扬雄作《法言》,以模仿《论语》。乌获力大无穷,为战国时所公认的力士;孟贲以勇力著称,被视为勇士的代表。

八龙荀氏①,五豸唐门②。张瞻炊臼③,庄周鼓盆④。

【注释】

①八龙荀(xún)氏:八龙,八个有才华的人合称。据《后汉书·荀淑传》,荀淑有八个儿子(荀俭、荀绲、荀靖、荀焘、荀汪、荀爽、荀肃、荀专),都有名望可称,时人谓之"八龙"。荀淑家住在颍川郡颍阴县(今河南许昌)西豪里,县令苑康认为昔日高阳氏有才子八人,如今荀家也有八子,于是把西豪里改名为高阳里。

②五豸(zhì)唐门:五豸,五个做谏官的人的合称。据《小学绀珠·氏族类》,宋代唐垌与祖父唐肃、父亲唐询、叔父唐介、兄长唐淑问都曾任御史,时人谓之"一门五豸"。按,豸,即獬豸,古代传说中的神兽。《初学记·器物部下·冠第一》引应劭《汉官仪》云:"獬豸兽性触不直,故执宪者以其角形为冠。"故后世以"豸冠"代称御史,唐氏一门五人继为御史,故谓之"五豸"。

③张瞻(zhān)炊臼(jiù):张瞻,唐代商人。炊臼,在臼中做饭。据《酉阳杂俎·梦》,江淮地区有个王生,张榜宣称为人解梦。商人张瞻将要回家,梦见在臼中做饭,问王生这是什么兆头,王生说:"你回去见不到妻子了。在臼中做饭,可见是失去了釜啊。(按,这里是以'釜'谐音'妇'。)"张瞻回到家时,妻子果然已经去世数月了,才知道王生的话不假。

④庄周鼓盆:庄周,即庄子。鼓,敲打。盆,古代量器,腹大口小,非今日之水盆。据《庄子·至乐》,庄周的妻子去世,惠子前来慰问,见庄周坐在地上伸开腿,敲着盆唱歌。惠子说:"你和她生活了一辈子,她给你生下儿子,到老了去世,不悲伤也罢了,唱歌有

些过分了吧？"庄周说："不对,当她刚去世时,我怎么能毫无感触呢？然而仔细考察,她最初是没有出生、没有形体,乃至没有元气的,后来在不可捉摸之中发生变化有了元气,遂有形体,然后出生,如今又去世了,就像四时周行一样。如今她躺在大房子里休息了,我却追着她哭。我觉得这是不能通晓天命的做法,所以停止了哭泣。"按,此篇是庄子后学以庄子丧妻不哭为喻,阐释庄子学派"万物应机而生灭、无死生忧乐之别"的理论,非必实有其事。

【译文】

荀淑的八个儿子都有才德,被称为"八龙";唐坰家三代五人做御史,号称"一门五豸"。张瞻梦到在臼中做饭,解梦人说是"无釜(妇)"之兆;庄子遭遇妻子去世,哀痛之后却坐在地上,敲着盆唱歌。

疏脱士简①,博奥文元②。敏修未娶③,陈峤初婚④。

【注释】

①疏脱士简:疏脱,随便、不计较。士简,即张率(475—527),字士简,南朝梁文人、官员。据《梁书·张率传》,张率生性嗜酒,事事宽恕,于家务尤其不在意。他在新安郡(两晋、南朝郡名。治所在今安徽休宁)做太守时,命仆人运米三千斛回家乡吴郡,抵达时耗损了大半。张率问仆人是怎么回事,仆人推托说:"这是被麻雀和老鼠偷吃损耗的。"张率笑道:"麻雀和老鼠太能吃了!"竟未追究。

②博奥文元:博奥,学问广博深奥。文元,即萧颖士(717—768),卒后门人私谥文元先生,唐代文人。据《朝野佥载》,萧颖士性情浮躁忿戾,世无其比。有一个叫杜亮的仆人,经常无端遭萧颖士殴打。杜亮伤愈之后,仍然被萧颖士指使着做事。有人对杜亮说:

"你身为仆人,何不找个好的主人,反而要这样受苦呢?"杜亮说:"我难道不知道可以换个主人吗? 只是敬慕他学问博奥,恋恋不能去罢了。"最终,杜亮被萧颖士殴打而死。

③敏修未娶:敏修,即陈修,南宋进士。据《鹤林玉露》,陈修中黄公度榜(按,即绍兴八年榜,该年状元为黄公度,故以之名榜)第三名进士,唱名时,高宗说:"你就是陈修。"遂诵其解试(按,唐宋时期,参加进士考试的考生要先在本州参加考试,通过者由本州发遣解送至京,参加考试,故称解试;后代称乡试第一为解元,即由解试而来)时所作《四海想中兴之美赋》中"葱岭金堤,不日复广轮之土;泰山玉牒,何时清封禅之尘"几句,又问他:"卿年几何,有几子?"陈修答:"臣年七十三,尚未娶。"高宗于是下诏将官人施氏嫁给他,施氏才三十岁,妆奁丰厚。时人开玩笑说:"新人若问郎年几,五十年前二十三。"按,《鹤林玉露》仅云"陈修",《尧山堂外纪》亦记其事,而云:"陈修,字敏修,福州人,号市隐居士。"不知所据。检《淳熙三山志·人物三·科名·本朝》,绍兴八年黄公度榜,福州籍进士无陈修或陈敏修其人。《莆阳比事》卷一"四异同科七名联第"条云:"绍兴戊午,大魁黄公度,亚魁陈俊卿,林邓以年七十三为榜尊,龚茂良以年十八为榜幼,皆莆人。一时荣耀,以为四异焉。"云出《耆旧记闻》。据此可知黄公度榜年七十三者为林邓,非陈修,林邓的籍贯为兴化军(今福建莆田),亦非福州人。

④陈峤(qiáo)初婚:陈峤,晚唐时人。据钱易《南部新书》,闽人陈峤,字景山,孤苦无依,数举不第,流落京中,至暮年,得中进士还乡,时已六十岁。同乡以其宦情淡泊,怕他没有后人,就给他说亲,将一个儒者的女儿嫁给他,此时陈峤已经将近八十岁了。结婚当晚,文士齐集,各作催妆诗,往往以老夫少妻为戏,陈峤自己也作诗一首,末句说:"彭祖尚闻年八百,陈郎犹是小孩儿。"座客

都为之绝倒。按，吴任臣《十国春秋·闽列传》有陈峤，字延封，莆田人，中唐僖宗光启三年进士，后为王审知兄弟辟为从事，累授大理司直兼殿中侍御史，唐昭宗光化二年卒，年七十五。计其及第之年，恰过花甲，或即钱易所云陈峤暮年还乡娶妻一事之原型。然吴任臣引黄滔《司直陈公峤墓志》，云峤前后两娶，有三子，此与钱易所云"身后无依"不合。

【译文】

张率为人宽厚，仆人运米回乡，盗窃大半，托言雀鼠所耗，张率未加追究；萧颖士性情暴戾，经常殴打仆人杜亮，杜亮却因景仰其学问博奥，不肯离去。陈修年七十三中进士，尚未娶，宋高宗以宫人赐婚；陈峤六十岁中进士，乡人以儒者女嫁之，结婚时年近八十。

长公思过①，定国平冤②。陈遵投辖③，魏勃扫门④。

【注释】

①长公思过：长公，即韩延寿（？—前57），字长公，西汉官员。据《汉书·韩延寿传》，韩延寿做左冯翊（汉代地方官名。汉景帝分内史为左右内史，武帝又改左内史为左冯翊，管辖京畿的高陵等二十四县），出行巡视属县，到高陵县（今陕西西安高陵区），百姓中有兄弟二人互争田产打官司。韩延寿非常伤心，说："我身为左冯翊，作为本郡的表率，不能宣明教化，使至亲骨肉之间争讼，既有伤风化，又使贤能的县乡官员蒙受耻辱，责任在我，我应该首先辞职。"于是韩延寿告病不再处理事务，退居到驿舍中，闭门思过。高陵的县乡官员见状，也全都把自己关起来，等候处分。告状的两兄弟深感自悔，于是剃掉头发、脱去上衣，到官府谢罪，表示愿意互让田产，有生之年不再争论。韩延寿知道之后大喜，开门召二人进见，并准备酒肉，与他们一起饮食，勉励他们，并将

己意告诉本乡，以表彰改悔向善的百姓。

②定国平冤：定国，即于定国，西汉官员。据《汉书·于定国传》，于定国做廷尉时，决断疑案，执行法令，以哀矜孤寡为要务，罪行轻重有疑问者，按轻罪判处，心存谨慎。朝廷中称赞说："张释之做廷尉，天下没有含冤的百姓；于定国做廷尉，被判了罪的百姓都认为自己不冤枉。"据颜师古注解，这是因为于定国执法宽平，百姓没有遭受冤枉的顾虑。

③陈遵投辖（xiá）：陈遵，西汉末官员。辖，车辖，插在轴端孔内的车键，使轮不脱落。据《汉书·游侠传》，陈遵在长安居住，列侯、近臣、贵戚都敬重他，无论刺史、郡守要出京任职还是各地豪杰到长安，都要来见陈遵。陈遵嗜酒，好客，每当举办酒宴时，经常关上大门，把客人的车辖拆下来扔到井里，让客人即使有事也不能离开。曾有刺史到长安奏事，来见陈遵，正赶上陈遵聚饮，刺史非常窘迫，只好等到陈遵大醉时，跑到陈遵母亲那里，叩头说尚书台那里还等着自己对状，陈遵的母亲遂让他从后门出去，才得以脱身。陈遵饮酒常醉，但也不曾误事。

④魏勃扫门：魏勃，西汉人。据《史记·齐悼惠王世家》，魏勃年轻时，想要求见齐相曹参，但因为家庭贫困，没有办法见到，就每天早起，去曹参的门客家门口扫地。门客屡次出门见到地被扫干净了，还以为有鬼怪，就暗中窥伺，终于发现了魏勃。魏勃说："我想求见相君，但没有机会，所以为您扫地，希望能借此寻求机会。"于是门客把他引荐给曹参，让他在曹参府中也做了一名门客。后来有一次，魏勃给曹参驾车，说起事情来，曹参认为他贤能，就将他推荐给齐王刘肥。刘肥召见魏勃，拜他为内史（秦汉时期国都及周边地区的行政长官）。

【译文】

韩延寿巡视属县，有兄弟二人争夺田产，韩延寿就退居驿舍，闭门思过，终于感化了两兄弟；于定国做廷尉，断案务从宽容，哀怜孤寡，经他断罪的百姓都自觉不冤枉。陈遵嗜酒，举办酒宴时关上大门，将宾客的车辖拆下来扔到井里，使他们无法离开；魏勃欲见曹参而无计，就每天早上去为曹参的门客打扫门口，终于获得推荐。

孙璘织屦①，阮咸曝裈②。晦堂无隐③，沩山不言④。

【注释】

①孙璘（liǎn）织屦（jù）：孙璘，南宋末隐士。屦，鞋子。据《宋季忠义录》，孙璘，字器之，大庾人，家里穷困而好读书。他不参加科举考试，自己种田织屦，以此为生，活到一百岁才去世。按，《全宋诗》收孙璘《述怀》诗二首，其一云："少也不谐俗，老去益美闲。百草生已绿，春雨满南山。朝朝荷锄去，既夕驱牛还。长生茆檐下，贫贱甚独安。但愿桑麻长，优游足岁年。"其二云："坐倦秋树根，摄衣步前丘。横河澹如练，破月西南流。独持一尊酒，悠然发清讴。俯仰无不足，吾生焉所求。"据其诗，确为隐遁之士。

②阮（ruǎn）咸曝（pù）裈（kūn）：阮咸，西晋名士，竹林七贤之一。曝，晒。裈，犊鼻裈，一种短裤。据《世说新语·任诞》，阮咸与叔叔阮籍住在大道之南，其他阮姓住在大道以北，北阮富裕，而南阮贫穷。七月七日，在当时的民俗中是晒衣的日子，北阮大规模晒衣，挂出来的衣服都是用纱罗锦绮制成的；阮咸却以竹竿将粗布制成的犊鼻裈挂在院子里。有人觉得奇怪，问他何以如此，阮咸说："我也不能免于俗情，姑且就这样应个景吧。"

③晦（huì）堂无隐：晦堂，北宋僧人。无隐，不隐瞒。据《鹤林玉露》，黄龙寺晦堂禅师向黄庭坚问《论语》"吾无隐乎尔"之义，黄庭坚再三诠释，晦堂终究不满意。当时正好是夏末秋初，桂花香气飘满院落。晦堂于是问黄庭坚："闻到桂花的香味了吗？"黄庭坚说：

"闻到了。"晦堂说:"吾无隐乎尔。"黄庭坚对晦堂的解释感到非常佩服。按,"吾无隐乎尔"一语,出自《论语·述而》:"子曰:'二三子以我为隐乎? 吾无隐乎尔。吾无行而不与二三子者,是丘也。'"孔子的弟子以为孔子传授知识有所保留,孔子否认。晦堂盖以此语开示黄庭坚,使他通过"桂香满院"的场景,了解到另一种"无隐"。

④沩(wéi)山不言:沩山,指沩山灵祐,唐代高僧。据《景德传灯录·邓州香岩智闲禅师》,香岩从沩山灵祐禅师学法,沩山知道他有潜质,就问他:"我不问你以前学的以及经卷册子上记载的东西。你未出胞胎、未辨东西时本分事,试道一句来。"香岩沉吟良久,试道数语,沩山都不认可。香岩请求沩山解释,沩山说:"我说的是我的见解,对你有什么好处。"香岩回到住处,遍检所集语句,无可应对,遂泣辞沩山而去。走到南阳,在慧忠国师的旧迹住了下来。有一天,香岩在山中割草时,偶然扔出瓦片打在竹子上发出声音。香岩听到这声音,忽然彻悟,急忙回到住处,沐浴焚香,朝着沩山所在的方向下拜,说:"和尚的大恩超越了父母,如果当初就向我解释了,哪有今天的事情呢?"

【译文】

孙琰家境贫困,却不应选举,以种田织屦自给;阮咸七月七日晒衣之时,只晒了一条粗布制的犊鼻短裤,以此应景。晦堂禅师以桂花香飘满院,为黄庭坚说"吾无隐乎尔";沩山灵祐禅师不肯说出"未出胞胎未辨东西时本分事",要香岩智闲自己领悟。

十四寒

庄生蝴蝶①,吕祖邯郸②。谢安折屐③,贡禹弹冠④。

【注释】

①庄生蝴蝶:庄生,即庄周。据《庄子·齐物论》,庄周做梦,梦见自

己变成蝴蝶，活泼自在地飞舞，而且觉得自己就是蝴蝶，非常适意；等到醒过来，又惶恐地发现自己是庄周。不知道是庄周梦到自己变成蝴蝶，还是蝴蝶梦到自己变成庄周。庄周和蝴蝶之间是有分际的，但在入梦和醒来的时候，却又不知道是人是蝶，这就是所谓的"物化"。按，《齐物论》说"昔者庄周梦为胡蝶"，用的是追述的语气，则此事或为庄子学派的后学造作典故，用来作为阐释理论时的譬喻，未必实有其事。

② 吕祖邯郸（hán dān）：吕祖，即吕岩，又名吕洞宾。唐末五代隐士，后被道教奉为"北五祖"之一，故称"吕祖"。邯郸，地名。即今河北邯郸。据《枕中记》，唐玄宗开元七年（719），有一卢姓书生在邯郸旅店遇到道士吕翁，向他说自己想追求功名，于是吕翁拿出一个枕头让他枕着睡觉。在梦中，卢生考中进士，出将入相五十年，富贵无比，一觉醒来，饭还没有做熟。卢生由此感到富贵如梦，随吕翁访仙而去。按，《枕中记》作者沈既济是唐德宗时人，故事的背景又在唐玄宗开元初，则此道士显然与生活在晚唐五代时期的吕洞宾无关。但由于在宋金时期，吕洞宾成为道家尊奉的"祖师"，这个故事就被附会到吕洞宾身上。元人马致远作杂剧《邯郸道省悟黄粱梦》，明朝汤显祖在此剧基础上又写出传奇《邯郸记》，都以吕翁为吕洞宾，后代遂沿而不改。

③ 谢安折屐（jī）：谢安，东晋大臣。屐，一种鞋底有齿的木鞋。据《晋书·谢安传》，前秦君主苻坚亲率大军进攻东晋，兵号百万，京师震恐。朝廷遂以宰相谢安为征讨大都督。谢安的侄子谢玄奉命抵挡苻坚，入内问计，谢安只说"已别有旨"，并不多说。又召集宾客下棋游览，至夜而还，为将帅分配任务，各称其职。后来谢玄在淝水打败苻坚，捷报送到京城，谢安正与宾客下棋，他看完捷报后置于床上，毫无喜色，下棋如故。宾客忍不住询问，谢安才缓缓说："孩子们已经打败了敌军。"然而下完棋回内宅

时，谢安由于太过高兴，在门槛上绊了一下，木屐下面的齿都被门槛撞折了，自己还没感觉到。谢安一贯矫情镇物（克制自己的情绪，使人不能测度），就是这个样子。

④贡禹弹冠：贡禹，西汉大臣。据《汉书·王贡两龚鲍传》，王吉和贡禹是好友，两人志向取舍都相似，因此世人都说："王阳在位，贡公弹冠（王吉做了官，贡禹也就可以弹去帽子上的灰尘，准备做官了）。"王吉字子阳，故时人称之为"王阳"。按，王吉、贡禹都是西汉后期著名的经师，在汉宣帝时，王吉做过益州刺史，贡禹做过凉州刺史，但都因故去官，数蹶数起，故时人有此谚语。崇尚儒学的汉元帝即位后，又下诏征王吉、贡禹到京都长安来，要加以任用，王吉年老，在途病逝，贡禹到京后累拜御史大夫，卒于位。班固在《汉书·王贡两龚鲍传》中评价两人"皆以礼让进退"，又说"王、贡之材，优于龚（龚胜、龚舍）、鲍（宣）"，将他们视为清节之士中有才干的人物，评价是很高的。

【译文】

庄周梦见自己变成蝴蝶，醒来又发现自己是人，不知是人梦为蝶，还是蝶梦为人；卢生在邯郸遇见道士吕翁给他一个枕头，枕之入梦，出将入相五十年，醒来时黄粱饭尚未熟。谢安得知晋军打败了前秦军队，欣喜非常，虽然刻意掩饰，但过门槛时撞断了屐齿还不自知；贡禹与王吉为好友，由于两人志向取舍观念相似，时有"王阳在位，贡公弹冠"的谚语。

颙容王导①，浚杀曲端②。休那题碣③，叔邵凭棺④。

【注释】

①颙（yǐ）容王导：颙，即周颙（269—322），东晋官员。王导（276—339），东晋大臣，官至丞相。据《世说新语·尤悔》，晋元帝时，王导的堂兄大将军王敦在武昌（今湖北鄂州）起兵东下，直逼京城

建康。王导率领兄弟到宫门外待罪。周颢担心王氏兄弟的安危，进宫见元帝，王导对周颢道："全家百口都靠你了！"周颢不理王导，却在见了元帝后极力为王导说情。元帝释怀后，周颢大悦，喝了酒出宫，王氏兄弟还在门外跪着。周颢说："今年杀了这帮贼徒，便可换个大官做做。"当王敦叛乱成功之后，问王导周颢是否可以任用，王导不说话，周颢因而遇害。后来王导知道周颢救护自己的事情，极为后悔，说："我不杀周侯，周侯由我而死。幽冥中负此人。"按，周颢袭父爵武城侯，故称"周侯"。

②浚（jùn）杀曲端：浚，即张浚。曲端（1091—1131），两宋之交的名将。据《齐东野语》卷十五《曲壮闵本末》，曲端长于兵略，屡战有声，深得军心，时有"有文有武是曲大（曲端），有谋有勇是吴大（吴玠）"的谚语。张浚出镇陕西，以曲端为威武大将军、宣州观察使、宣抚司都统制，知渭州，军士欢声如雷。兀术侵犯江淮，张浚召诸将商议出师，曲端以为不可，张浚罢其兵权，又把他贬谪为海州团练副使，万州（今海南万宁）安置。后来张浚又想重新任用他，但吴玠、王庶都与曲端有隙，谮之于张浚，张浚也怀疑曲端知道旧部张中孚等降金的密谋，遂将他下狱处死。张浚获罪之后，曲端得以追复宣州观察使，后又追谥壮闵。《齐东野语》的作者周密将张浚处死曲端比为秦桧杀害岳飞，可见曲端冤抑之深。

③休那题碣（jié）：休那，即姚康（1578—1653），字休那，明末清初文人。碣，石碑。明亡之后，姚康自题墓联云："吊有青蝇，几见礼成徐孺子；赋无白凤，免得书称莽大夫。"此联今尚存于安徽枞阳姚氏墓所。按，吊有青蝇，盖用三国时吴人虞翻语："生无可与语，死以青蝇为吊客。"徐孺子，即徐稚，东汉隐士，他遇到曾举荐过他的人去世，往往自备鸡和酒前往吊丧，祭奠之后，留谒（书有人名、籍贯的木片）辄去，见《后汉书·徐稚传》李贤注引谢承《后汉书》。

赋无白凤,据说扬雄作《太玄》时,梦见自己吐出一只白凤凰落到《太玄》的书稿上,顷刻不见,事见《类说》引《西京杂记》(按,今本《西京杂记》作"梦吐凤凰",无"白"字),后世遂以"吐凤""白凤"为文章典丽之代称,姚康盖以此自谦文章无可取之处。莽大夫,指扬雄,扬雄作《剧秦美新》,赞颂王莽,故朱熹作《通鉴纲目》,在扬雄去世时书曰:"莽大夫扬雄死。"姚康此联意在表示自己宁可孤独隐居而终,以青蝇为吊客,也不愿学扬雄改节,另事新朝。

④叔邵(shào)凭棺:叔邵,即方叔邵(? —1642),明代书法家。据《桐城县志》,方叔邵书法宕逸,学张旭、怀素,登堂入室,人多宝若玑璧。崇祯十五年(1642),方叔邵忽然感觉牙痛,遂整理衣冠,坐在棺木里,靠着棺木提笔作诗云:"千百年之乡而不去,争此瞬息而奚为?无干戈剑戟之乡而不去,恋此枳棘而奚为?清风明月如常在,翠壁丹崖我尚归。笔砚携从棺里去,山前无事好题诗。"书毕掷笔而逝。

【译文】

周颛在王敦之乱时,极力为王导、王敦说情,乱后为王敦所害,王导感叹"我不杀周侯,周侯由我而死";张浚听吴玠、王庶之言,杀死与自己不协的曲端,被周密比作秦桧杀岳飞。姚康生前自题墓碣,以示不愿仕清,情愿隐居以终;方叔邵晚年自知将要去世,遂坐在棺木中,凭棺作诗,掷笔而逝。

如龙诸葛①,似鬼曹瞒②。爽欣御李③,白愿识韩④。

【注释】

①如龙诸葛:诸葛,即诸葛亮(181—234),三国时蜀汉大臣,官至丞相。据《三国志·蜀书·诸葛亮传》,刘备屯兵新野时,徐庶去见刘备,获得了刘备的器重。徐庶对刘备说:"诸葛孔明这个人,是卧龙啊,将军您是否愿意见他?"刘备说:"请您带他来见我吧。"

徐庶说："此人可以去拜访，不能委屈他前来，将军应该放下身段去见他。"于是刘备遂去拜访诸葛亮，去了三次才见到。此即著名的"三顾茅庐"。又据同书裴松之注引《襄阳记》，刘备在荆州见司马徽，司马徽对刘备说："儒生俗士，岂识时务？识时务者在乎俊杰。此间自有伏龙、凤雏。"刘备问是谁，司马徽回答："诸葛孔明、庞士元也。"孔明，诸葛亮字；士元，庞统字。

②似鬼曹瞒：曹瞒，即曹操，曹操小名阿瞒，故称。苏轼在《孔北海赞》中批评曹操，说曹操"阴贼险狠，特鬼蜮之雄者耳"，即为人阴险、心胸狭隘，只能算是阴险小人中的强者。他又说："操以病亡，子孙满前而咿嘤涕泣，留连妾妇，分香卖履，区处衣物，平生奸伪，死见真性。"认为曹操临死前汲汲于家事，没有英雄气概。按，晚明文人钟惺作《邺中歌》，有句云："霸王降作儿女鸣，无可奈何中不平。向帐明知非有益，分香未可谓无情。呜呼！古人作事无巨细，寂寞豪华皆有意。书生轻议冢中人，冢中笑尔书生气！"则认为曹操临死前处置家事，也是胸中不平的一种表现，不可轻加贬议，似即指苏轼而言。

③爽欣御李：爽，即荀爽（128—190），东汉名士。欣，高兴。御，驾车。李，即李膺。据《后汉书·党锢列传》，李膺性情简亢，不轻易与一般人交往，荀爽曾去拜访李膺，得为李膺驾车，回来后高兴地说道："我今天总算能给李君驾车啦。"按，荀爽为大名士荀淑之子，自己也是所谓"荀氏八龙"之一，而竟以为李膺驾车为荣者，盖李膺不仅出身名家（其祖为三公，父为赵相），且才兼文武，又能持正，当世为之语云："天下模楷李元礼（膺字元礼）。"故士人称被李膺接纳为"登龙门"。

④白愿识韩：白，即李白。韩，即韩朝宗（686—750），唐代官员。李白作《与韩荆州书》，借"天下谈士"之口说："生不用封万户侯，但愿一识韩荆州。"表达了对韩朝宗的景慕。韩朝宗时任荆州大都

督府长史,故李白称之为"韩荆州"。韩朝宗在荆州时,有爱才好士之名,曾推荐严协律(严姓,官协律郎,名不详)、崔宗之、房习祖、黎昕、许莹等多人,李白希望韩朝宗能赏识、提拔他,故作《与韩荆州书》,希望得到举荐。

【译文】

诸葛亮在荆州时,被徐庶、司马徽称为"卧龙"或"伏龙",即像伏藏的龙一样;苏轼抨击曹操阴险、奸伪,谓之"鬼蜮之雄者"。李膺性情简亢,不轻易与人交往,名士荀爽以为他驾车为喜;李白欲见韩朝宗,作书一封,希望得到他的赏识和推荐。

黔娄布被^①,优孟衣冠^②。长歌宁戚^③,鼾睡陈抟^④。

【注释】

①黔娄(qián lóu)布被:黔娄,战国时鲁国隐士。据《列女传·贤明传》,黔娄去世后,由于家里贫穷,只能用布被遮盖遗体,而且被子很短,盖头就露出脚,盖脚就露出头。曾子去吊唁,说:"把被子斜着盖就可以了。"黔娄的妻子说:"斜着盖而有富余,还不如正着盖而不够长。"按,黔娄的妻子之所以这样说,是因为按照礼法,被子没有斜着盖在身上的道理。

②优孟衣冠:优孟,春秋时楚王宫中豢养的优伶。据《史记·滑稽列传》,楚相孙叔敖去世后,儿子穷困,优孟想帮助他,就在家仿效孙叔敖的衣着举止,一年后去见楚王。楚王看到优孟,以为是孙叔敖复生,要用他为相,优孟借口回家与妻子商议,三天后对楚王说:"我妻子说,孙叔敖为楚国尽忠,死后儿子几乎没有活路,做楚相不如自杀。"于是楚王召来孙叔敖的儿子,给他封地。

③长歌宁戚:长歌,放声高歌。宁戚,春秋时人。据《汉书》卷五十一应劭集解,宁戚在车下喂牛,敲着牛角唱道:"南山矸,白石烂,

生不逢尧与舜禅。短布单衣适至骭，从昏饭牛薄夜半，长夜漫漫何时旦？"齐桓公听到后，就任用宁戚做国相。按，在这个故事中，宁戚以喂牛仆役的身份，而能言尧、舜禅让之事，这是齐桓公看重他的原因。

④鼾（hān）睡陈抟（tuán）：鼾，打呼噜。陈抟（871—989），五代至北宋初年的道士。据《宋史·隐逸传上》，陈抟先隐居武当山，后来迁居到华山云台观，又移居少华山的石室，每当睡下，经常连睡一百多天不起。按，周世宗曾召见陈抟，问之以黄白烧炼之术（即所谓"炼金术"），陈抟对曰："陛下为四海之主，当以致治为念，奈何留意黄白之事乎？"宋太宗时，又曾召见陈抟，宰相宋琪问以修炼之事，陈抟答道："抟山野之人，于时无用，亦不知神仙黄白之事、吐纳养生之理。假令白日冲天，亦何益于世？"勉励宋琪"君臣协心同德，兴化致治"。据此，则陈抟并非以所谓道术炫惑权贵之辈。但在宋人的记述，尤其是笔记小说和民间传说中，仍经常将陈抟作为"神仙"来传诵，如称其酣睡百日不起，即此之类。

【译文】

黔娄去世时，家里穷得只能以布被遮盖遗体，且尺幅还不够遮住全身，但他的妻子仍坚守礼法，不肯将被子斜盖；孙叔敖去世后，儿子贫困，优孟想要帮助他，就换上孙叔敖的衣冠，模仿其举止，以旁敲侧击的方式向楚王进言，使孙叔敖的儿子获得封地。宁戚在喂牛时，敲着牛角唱"生不逢尧与舜禅"，被齐桓公提拔为国相；陈抟在少华山隐居，住在石室之中，据说经常一睡一百多天不起。

　　曾参务益①，庞德遗安②。穆亲杵臼③，商化芝兰④。

【注释】

①曾参（shēn）务益：曾参，即曾子，孔子的弟子。务益，一定要追

求进益。据《说苑·敬慎》，曾子生病时，嘱咐儿子说："我没有颜回那样的才能，有什么可以跟你们说的呢？即使无能，君子也务必追求进益（按，指不断学习）。开花多而结果少，这是天道之常；说得多而做得少，这是人事之常。鸟儿在山顶上筑巢，鱼鳖在深渊中打洞，但它们都被抓住了，原因就在于诱饵。君子如果能不以贪利损害自己，就不会遭受屈辱。"

②庞德遗安：庞德，即庞德公。遗，留下。据《高士传》，庞德公隐居岘山，荆州刺史刘表去劝他做官，说："您辛苦耕作，不肯做官，将来能留给子孙什么呢？"庞德公说："别人追求名利，只会留给子孙危险，我留给子孙的是安居乐业，只是留下的东西不一样罢了。"按，庞德公生活于东汉末年，当时世道变幻莫测，故庞德公以隐居为安，以做官为危。

③穆亲杵（chǔ）臼：穆，即公沙穆，东汉人。公沙，复姓。杵臼，捣米的工具，杵是捣米的棒子，臼是捣米时盛放稻谷的容器。据《后汉书·吴祐传》，公沙穆到太学学习，没有资财和粮食，于是换上象征劳动者的短衣，被吴祐雇来舂米。吴祐和公沙穆交谈，被他的学问所震惊，于是两人在杵臼之间结成了很好的朋友。按，公沙穆见《后汉书·方术列传下》，但本传未载此事。

④商化芝兰：商，即卜商，字子夏，孔子的弟子。芝兰，芝和兰都是香草，古人以之比拟善人。芝，通"芷"，即白芷。据《孔子家语·六本》，孔子说："我死以后，卜商会一天天进步，端木赐会一天天退步。"曾子问："为什么这样说呢？"孔子说："卜商喜欢和比自己强的人来往，端木赐喜欢和不如自己的人来往。"并进一步强调："与善人居，如入芝兰之室，久而不闻其香，即与之化矣；与不善人居，如入鲍鱼之肆，久而不闻其臭，亦与之化矣。"所以君子一定要慎重挑选接触的对象啊。按，此语亦见《说苑·杂言》，但《说苑》以"商也日益，赐也日损"与"与善人居，如入兰芷之室"分

为两条，无曾子之问，《孔子家语》缀合二事为一，似有强作解人
之嫌。

【译文】

曾子生病时，嘱咐儿子要追求进益，不要贪图利益；庞德公隐居不
仕，自称是为了将安全留给子孙。公沙穆在太学读书，缺乏资财，就换
上短衣为吴祐春米，吴祐与他结成好友；孔子推断自己去世之后，子夏
会日日进步，子贡会逐渐退步，因为子夏总是与比自己强的人来往，子
贡却与不如自己的人来往。

葛洪负笈①，高凤持竿②。释之结袜③，子夏更冠④。

【注释】

①葛洪负笈(jí)：葛洪(284—364)，东晋道教学者、官员。自号"抱
　朴子"。负笈，背着书箱。据《抱朴子外篇·自叙》，葛洪十三岁
　时父亲病逝，要靠亲自耕田来维持生计，由于家中数遭兵火，所
　藏典籍荡尽，农暇之日无书可读，于是他背着书箱，徒步到各处
　借书抄写。后来在某一家找到大量书籍，葛洪靠着卖柴购买纸
　笔抄写，因为资金有限，纸经常不够用，就将纸反过来，用其背面
　抄写。自十六岁以后，葛洪广读经史百家之言，以至短文杂篇，
　数近万卷，著述时乃能广征博引。按，我国早期纸质书籍都是卷
　轴装，只在卷轴的内侧一面抄写，外侧是空白的。但古人为了节
　省成本，也有以用过的纸（南北朝时谓之"反故""反故纸"，现代
　日语中尚有此词，盖从我国传入）背面抄书的例子，如葛洪，又如
　南齐沈驎士，均曾这样做过。敦煌莫高窟所出文书中，就有很多
　以废旧文书背面抄写典籍的，可作实证。

②高凤持竿：高凤，东汉学者、隐士。据《后汉书·逸民列传》，高凤
　年轻时，家里以农耕为业，而他专心读书，昼夜不息。他的妻子

去田里种地,在院子里晒上麦子,让高凤拿着竹竿看守,不要让鸡吃了麦子。结果恰逢天降大雨,高凤"持竿诵经,不觉潦水流麦"。由于看书太专注,都没发现雨水把麦子冲走了。妻子回来觉得很奇怪,问高凤怎么回事,他才反应过来。其后高凤遂成名儒,在西唐山(山名。在今河南叶县)中讲学授业。

③释之结袜:释之,即张释之,西汉官员。结袜,系上袜带,古人的袜子是穿好后用带子绑在脚踝上的。据《史记·张释之冯唐列传》,与张释之同时代的有一位王生(按,即王先生,王姓,其名不详),是讲黄老之道的处士。一次,王生被召到宫中,三公九卿也都在场,王生当时已经年老,说:"我的袜带松弛了。"回头对时为廷尉的张释之说:"给我系上。"张释之便跪下为他系好袜带。事后,有人问王生:"为何在大庭广众之中羞辱张廷尉,让他为你系袜带呢?"王生说:"我年老又没有地位,终究不能对张廷尉有什么好处。张廷尉是天下名臣,所以我姑且羞辱他,让他跪着为我系袜带,这是想让别人尊重他。"公卿们听说了,莫不以王生为贤,而尊重张释之。按,张释之为廷尉,位列九卿,能为处士结袜,故公卿重之;而王生能舍弃自己的名声来成全张释之,故公卿贤之。

④子夏更冠:子夏,即杜钦,字子夏,西汉官员。更冠,更换帽子。据《汉书·杜周传附杜钦传》,杜钦是杜周之孙,家富,少年即好读经书,但一目失明,故不愿为吏。当时茂陵人杜邺也字子夏,与杜钦都以才能名动京师。京师人为区别二者,称杜钦为"盲杜子夏"。杜钦对此非常反感,于是自己做了一种高和宽都只有两寸的小帽子戴,京师人于是称杜钦为"小冠杜子夏",称杜邺为"大冠杜子夏","盲杜子夏"的绰号就消失了。按,古代士人之间互相称谓,以称字及官职为常,称名则为以长对幼、以尊临卑的做法。非尊长之人,不会直呼杜钦、杜邺之名,只称"杜子夏",故须另加特征以示区别。

【译文】

葛洪少年时家贫无书，遂背着书箱四处寻访书籍，找到后就购买纸笔抄写；高凤一边诵读经书，一边拿着竹竿看护晒麦场，天降大雨，冲走了麦子，犹诵经不觉。张释之在公卿俱至的场面下，为处士王生系袜带，时人重之；杜钦不愿被称为"盲杜子夏"，遂特制小冠，因此被称为"小冠杜子夏"。

直言唐介①，雅量刘宽②。捋须何点③，捉鼻谢安④。

【注释】

①直言唐介：唐介，字子方，北宋官员。据《宋史·唐介传》，唐介做殿中侍御史时，先论宋仁宗不当以宠妃张贵妃的伯父张尧佐为宣徽等四使，又弹劾宰相文彦博知益州时织造间金奇锦，通过内侍贿赂妃嫔（按，指张贵妃）得以执政，触怒仁宗，被贬英州别驾。梅尧臣、李师中都赋诗赞美他，因此唐介正直之名震动天下，士大夫称之为真御史，谓之"唐子方"而不敢称其名。

②雅量刘宽：雅量，器量弘雅宽厚。刘宽（120—185），东汉大臣，官至太尉。据《后汉书·刘宽传》，刘宽性情宽厚，平易近人，他的夫人想试试怎样才能让他发怒，于是在他已经穿好朝服即将上朝时，让一个婢女去送肉羹，故意打翻羹碗，将汤汁洒到刘宽身上，弄脏了朝服。婢女赶紧收拾羹碗，刘宽神色不动丝毫，反而慢慢地问婢女："汤羹烫到你的手了吧？"由于他的性情如此，海内都称之为长者。

③捋（lǚ）须何点：何点，南朝隐士。据《南史·何尚之传附何点传》，梁武帝与何点有旧交，即位后下诏与他畅叙旧情，又赐给他鹿皮巾（隐士所戴的一种头巾）等服饰，并择日召见他。何点穿着朴素的衣服，被引入华林园（南朝皇家园林），梁武帝赠诗赐酒

给他,礼数就像没做皇帝时一样,又下诏征召何点出任侍中。何点伸手去抒武帝的胡须,说:"乃欲臣老子(想让老夫做你的臣子吗)?"托病不出来当官。于是梁武帝又下诏有关部门商议赐给何点财物,其在京城的日用,由太官(官名。秦有太官令,掌皇帝的膳食宴享之事,汉晋因之)另外给付。按,抒须是晋宋时期朋友之间亲密的一种表现,何点以此表示只愿与梁武帝以朋友相待。

④捉鼻谢安:捉鼻,掩住鼻子表示不屑。谢安,东晋大臣,曾任宰相。据《世说新语·排调》,谢安早年隐居在东山(山名。在今浙江绍兴)时,兄弟中已有显贵者(按,指谢安的堂兄谢尚、哥哥谢奕、弟弟谢万等),宾客聚集家门,为士人所倾慕。谢安的夫人刘氏看到这种状况,开玩笑问道:"大丈夫不应该这样吗?"谢安捉鼻(掩住鼻子)说:"就怕免不了要这样啊。"按,后来谢尚、谢奕先后去世,谢万打了败仗,被罢官,谢安当时已经四十多岁,为维持家族地位,遂出山做了权臣桓温的司马,最终官至宰相。

【译文】

唐介弹劾张尧佐、文彦博,正直之名动天下,士人谓之"真御史";刘宽生性宽厚,侍女打翻羹碗,沾污朝衣,他首先想到的是侍女是否被烫到。梁武帝召旧交何点为侍中,何点不愿做官,抒着梁武帝的胡须说:"乃欲臣老子?"表示只愿以友相待;谢安隐居时,兄弟显达,妻子谓之"大丈夫当如是",谢安却掩着鼻子说怕免不了如此。

张华龙鲊①,闵贡猪肝②。渊材五恨③,郭弈三叹④。

【注释】

①张华龙鲊(zhǎ):张华(232—300),西晋大臣,以博学闻名。鲊,盐腌的鱼,后来也泛指盐腌的食品。据《晋书·张华传》,陆机送

给张华一罐鱼鲊，当时宾客满座，张华打开罐子说："这是龙肉。"众人不信，张华说："试着用苦酒浇在鲊上，必然有奇异的现象发生。"于是就这样做了，有五色的光华腾起。陆机回去后询问最初做鲊的人，果然说："在园中茅草下发现一条白鱼，长得跟常鱼不一样，做成了鲊，味道极美，于是献给了您。"按，古人认为龙会变成鱼，鱼也会变成龙，故《说苑·正谏》有"白龙鱼服"之典，俗谚又有"登龙门"之说。

②闵（mǐn）贡猪肝：闵贡，东汉初隐士。据《后汉书·周黄徐姜申屠列传序》，闵贡客居在安邑县，老病家贫，买不起肉，每天买猪肝一片，权当肉食，屠夫有时不肯卖给他。安邑县令听说后，就让县吏每天供给闵贡猪肝。闵贡得知后，叹息道："怎么能因为我的口腹之欲，给安邑带来负担呢？"于是就离开安邑，搬到沛县去了。

③渊材五恨：渊材，即彭几，字渊材，北宋文人。恨，遗憾。据《冷斋夜话》，彭几曾说："我平生没有什么遗憾，只有五件恨事。"有人问他是什么，他说："我的论调与时流不合，恐怕你们听了会感到轻视。"问者再三询问，彭几才说："第一恨鲥鱼多骨，第二恨金橘太酸，第三恨莼菜性冷，第四恨海棠无香，第五恨曾子固（按，即曾巩）不能作诗。"听到的人大笑，彭几瞪着眼睛说："你们果然轻视我的话！"按，此说在后世文人口中多所剪裁，如作"一恨鲥鱼多骨，二恨海棠无香，三恨《红楼梦》未完"之类，但最初实为嘲笑彭几性痴的笑谈，非风雅之语。

④郭弈（yì）三叹：郭弈，西晋官员。后世也作"奕"。据《世说新语·赏誉》，郭弈做野王令时，羊祜回洛阳经过野王，郭弈去见他，见面后叹道："羊祜可不比我差啊。"第二次去停留的时间长了一些，回来又叹道："羊祜比我强多了。"羊祜离开时，郭弈相送，因为路上谈论太久，送出了县境，导致回来被罢了官。但郭

弈并不在意,而是叹道:"羊祜不亚于颜回。"按,汉代地方官员无故离开辖区要被免职,晋时仍承其制。

【译文】

张华得陆机所送鱼鲊,谓为龙肉,以苦酒浇之,果然看到腾起五色光华;闵贡年老家贫,无钱买肉,安邑县令命县吏供给他猪肝,闵贡为避免添麻烦就搬到了远处的沛县。彭几自称生平有五恨:鲥鱼多骨、金橘太酸、莼菜性冷、海棠无香、曾巩不能作诗;郭弈三次见羊祜,越来越为之倾倒,虽因此罢官亦不介意。

弘景作相^①,延祖弃官^②。二疏供帐^③,四皓衣冠^④。

【注释】

①弘景作相:弘景,即陶弘景(456—536),南朝道士、医药家、文学家。据《南史·隐逸传下》,梁武帝与陶弘景有旧交,即位后多次写信遣使问候陶弘景,曾以手诏招他出来做官,又赐给他鹿布巾(按,即鹿皮巾),屡加礼聘,陶弘景坚持不肯出山。但朝廷每有大事,梁武帝都派人到茅山向他咨询,一月之内常有数次遣使,故时人称之为"山中宰相"。

②延祖弃官:延祖,即元延祖,唐代隐士。据《新唐书·元结传》,元结的父亲元延祖成年之后,长期不出仕,及至年过四十,为姻亲反复劝说,不得已出任低级地方官,调为春陵县丞,又弃官回家,说:"人生一世,衣服食物能够解决饥寒也就够了,不宜再有过多的要求。"元延祖在乡自己种地砍柴,认为这是人生所应有的事情,除此之外都不挂怀。

③二疏供帐:二疏,即疏广、疏受叔侄,两人都是西汉后期的经学家。供帐,也作"供张",指陈设宴会所用的帷帐、饮食等物,引申为举行宴会之意。据《汉书·疏广传》,汉宣帝时,疏广、疏受叔

侄分别担任太子太傅、太子少傅之职，做皇太子刘奭的老师。任职五年后，皇太子年十二岁，已通《论语》《孝经》，疏广对疏受说："我听说，'知足不辱，知止不殆''功遂身退，天之道也'。我们已经官至二千石，功成名就，如果不及时退休，恐怕会有灾祸。不如叔侄相随出京，回到故乡养老，寿终正寝，不也很好吗？"于是叔侄一起告病，又上书请求退休，获得允许。皇帝赐给他们二十斤黄金，太子又加赐五十斤，朝臣、旧友和同乡在长安东都门外"供张"，为他们举办送行宴会，来送行的车子有数百辆之多，观看的人都说："两位大夫真是贤人啊！"有的人甚至为之落泪。

④四皓（hào）衣冠：四皓，西汉初年四位隐士东园公、甪里先生、绮里季、夏黄公的合称，因皆年老，须眉皓白，故后人谓之四皓。据《史记·留侯世家》，汉高祖想要废太子刘盈（后来的汉惠帝），吕后让哥哥吕泽逼迫张良出主意，张良说："天下有四个人是主上招不来的。如果让太子亲自写信，措辞谦卑，再派辩士为使，以安车相迎，他们应该会来。让他们做太子的宾客，时时随从入朝，主上见到一定会问。问了之后，主上知道四人贤能，对维护太子的地位能有些用处。"吕泽从其计，迎来四人。汉高祖平黥布之乱后，仍有废太子的念头。一次举行宴会，太子侍座，而四人随太子出席，都是八十多岁的老人，须眉皓白，衣冠雄伟。高祖看到后非常奇怪，询问四人姓名。四人通名后，高祖大惊，说："我找了你们好几年，你们躲避我，如今怎么却和我的儿子交游？"四人说："您轻视士人，动辄辱骂，我们不愿受辱，所以逃跑躲了起来。我们听说太子为人仁孝，性情恭敬，喜爱士人，天下人莫不愿为他效死，所以我们也应召而来。"刘邦听了后，说："烦请诸公照顾太子。"遂放弃了废太子的念头。

【译文】

梁武帝经常派人到陶弘景隐居的茅山中咨询意见，时人称陶弘景为"山中宰相";元延祖年过四十才出仕做官,后又弃官还乡,认为衣食足御饥寒即可,无需更多。疏广、疏受叔侄做太子的老师,告病还乡,公卿故人都设宴送行,时以为荣;四皓随太子出席宴会,须眉皓白,衣冠雄伟,汉高祖见到后颇感震动,遂无易储之念。

曼卿豪饮①,廉颇雄餐②。长康三绝③,元方二难④。

【注释】

①曼卿豪饮:曼卿,即石延年(994—1041),北宋文人、官员。据《宋史·文苑传四》,石延年喜豪饮,曾与刘潜到王氏酒楼对坐饮酒,终日一句话不说。酒楼主人奇怪二人饮酒之多,以为不是一般人,于是又奉上美酒、菜肴、果物,二人饮酒吃菜,坦然自若。到晚间,二人看起来就像没有饮酒一样,相对作揖,离开酒楼。第二天,京师传言王氏酒楼有两位仙人来饮酒,后来才知道是石延年和刘潜。按,石延年善饮,为北宋士大夫津津乐道之轶事,然其人实有奇才。《渑水燕谈录》记录他与吴遵路巡视河东,吴遵路每至郡县,考核图籍,接见地方官员,按察当地兵马、粮储、山川、道路;石延年但赋诗饮酒而已。及至论述河东局势时,石延年条分缕析,若所亲历,吴遵路为之惊服。

②廉颇雄餐:廉颇,战国时名将。据《史记·廉颇蔺相如列传》,廉颇为赵将有功,因与国君有矛盾,出奔魏国,但在魏日久,仍不受魏王信任。赵国数次败于秦国,赵王想要召回廉颇为将,廉颇也希望回赵国领兵。赵王派使者去见廉颇,想要看他是否还可用。廉颇当时已经年老,但为了表示自己还能打仗,一顿饭吃了一斗米、十斤肉,又披甲上马给使者看,以示自己体力尚壮。但廉颇的仇人郭开向使者行贿,让他毁谤廉颇,于是使者回国后向赵王汇报:"廉将军虽然年老,但还是很能吃饭,只是与我坐谈之时,

很短的时间里就上了三次厕所。"赵王听了以后,认为廉颇老了,就没有再宣召他。

③长康三绝:长康,即顾恺之(348—409),东晋文人、画家。据《世说新语·文学》"或问顾长康"条刘孝标注引宋明帝《文章志》,世人传说顾恺之有三绝:画绝、文绝、痴绝。按,据同条注引《中兴书》,顾恺之博学有才气,但生性迟钝,又自高自大,所以经常被人所戏弄,这大概即所谓"痴绝"者。又《世说新语·巧艺》记谢安赞其绘事云:"顾长康画,有苍生来所无。"以及述其画裴楷像,颊上增三毛,观者觉如有神明,此即所谓"画绝"者。顾恺之的文章,传世者很少,但《世说新语·言语》记其评价荆州新城"遥望层城,丹楼如霞",又品评会稽郡的山水"千岩竞秀,万壑争流,草木蒙笼其上,若云兴霞蔚",则其文采亦可见一斑。

④元方二难:元方,即陈纪,东汉官员。据《世说新语·德行》,陈元方的儿子长文(即陈群,字长文)与陈季方(陈谌,元方之弟。参前"谌纪成糜"条)的儿子孝先(即陈忠,字孝先)争论谁的父亲更有功德,没有结果,就去找祖父陈寔评判。陈寔说:"元方难为兄,季方难为弟。"意思是陈纪做兄长不容易,陈谌做弟弟也不容易,两者功德相当。按,此语又作"元方难为弟,季方难为兄",意思则是"有陈纪这样的兄长,做他的弟弟很不容易;有陈谌这样的弟弟,做他的兄长也不容易"。成语"难兄难弟",即自此事而来。

【译文】

石延年善饮,与刘潜在酒楼痛饮一日,京师人传以为仙;赵王派使者探望廉颇,廉颇一饭斗米,肉十斤,披甲上马,表示自己尚可大用,但使者却没向赵王报告真实情况。顾恺之博学有才能,时号画、文、痴三绝;陈纪、陈谌两兄弟的儿子争论父亲优劣,要求祖父陈寔裁断,陈寔说:"元方难为兄,季方难为弟。"

曾辞温饱①，城忍饥寒②。买臣怀绶③，逄萌挂冠④。

【注释】

① 曾辞温饱：曾，即王曾。据《东轩笔录》，王曾参加科举考试时，解试、省试、殿试均获得第一名，翰林学士刘筠跟他开玩笑说："状元考试三场换来的东西，一辈子吃不完穿不完。"王曾说："我平生志向不在于温饱。"按，宋代士子欲参加科举，需先参加本州举行的解试，考中称为发解；通过解试后，士子要到京师参加尚书省礼部举行的统一考试，谓之省试；省试合格的士子，自宋太祖开宝六年（973）之后，还要再参加皇帝亲自主持的殿试，殿试合格后授官。王曾作为当科状元，殿试后循例授官将跻身中层官员行列，故刘筠这样说。

② 城忍饥寒：城，即阳城，唐代隐士。据《太平广记·气义二》注引，唐德宗贞元年间，阳城和三弟隐居在陕州夏阳（今陕西韩城）山中，发誓不婚，食豆饮水，兄弟相处和煦。遇到饥荒年岁，阳城兄弟就避匿不与邻里来往，以免向人求助之嫌。他们有时剥取桑树、榆树的皮，磨碎煮成粥，以此维生，同时还讲论诗书，未尝一刻停止。

③ 买臣怀绶（shòu）：买臣，即朱买臣，西汉官员。绶，系在印章上的丝带。汉时，根据官员秩次不同，印的材质和绶的颜色也不一样。据《汉书·朱买臣传》，朱买臣罢官后，受命待诏，寄居在会稽郡邸（按，汉代各郡在京师长安均设有郡邸，郡吏到京师来，则居于此）的守邸人处，与他一起吃饭。后来，朱买臣因言进兵东越事称旨，被汉武帝起用为会稽太守，便穿着旧衣服，怀揣印绶，步行到住处去。这时正是上计（汉代各郡每年岁末遣吏到长安汇报一年政绩，称为上计，承担此项任务的郡吏称上计吏）之时，郡吏聚饮，不以买臣为意。朱买臣进屋与守邸人共同饮食，快要吃饱时，故意将绶带露出一些。守邸人好奇，拉出绶带观看，发

现是本郡太守的印章，大惊，急忙通知在外饮食的郡吏。郡吏们审视实然，推挤着在庭院内列队，参拜太守，朱买臣漫步出户，乘官家的车马上任而去。

④逄（páng）萌挂冠：逄萌，两汉之交的隐士。据《后汉书·逸民列传》，逄萌家贫，在本县充任亭长，县尉过境，逄萌迎候拜谒，待县尉离开后，将所持盾牌扔在地上（按，汉代亭长主管辖区内治安，故持盾），叹息道："大丈夫怎么能为人所役使呢？"于是到长安求学，通《春秋》经，恰逢王莽杀死儿子王宇，逄萌对友人说："纲常已经被毁灭了。如果不走的话，恐怕灾祸要波及我们。"于是把帽子挂在东都门（长安东郭城的北头第一门）上，回到家中，带着家人渡海到辽东郡（汉代郡名。辖境略同今之辽宁省，治所在襄平，即今辽宁辽阳）居住，直到汉光武帝即位，才回到故乡。按，逄萌是北海都昌（今山东昌邑）人，汉北海郡境基本与今山东潍坊市境重合，北临渤海，故逄萌能渡海至辽东以避乱。

【译文】

王曾中进士后，刘筠谓以"一生吃穿不尽"，王曾则答以"志不在温饱"；阳城兄弟皆隐，遇到饥荒，宁忍饥寒，不向邻里求取帮助。朱买臣出任会稽太守，穿着旧衣、怀揣印绶，到会稽郡的郡邸，故意让郡吏发现，以此炫耀；逄萌弃官求学于长安，遇王莽杀子，认为纲常已绝，遂挂冠于城门，携家人渡海避难。

循良伏湛①，儒雅儿宽②。欧母画荻③，柳母和丸④。

【注释】

①循良伏湛（zhàn）：循良，奉公守法。伏湛（？—37），东汉大臣。据《后汉书·伏湛传》，更始帝刘玄攻灭王莽后，以伏湛为平原太守。当时兵起仓猝，天下纷扰，伏湛在平原传经授学（按，伏湛九

世祖伏生传《尚书》学，其父伏理又是当世名儒，用《诗经》教授
汉成帝。伏湛少传父业，弟子达数百人之多，为时名儒），举止安
然。他对妻子说："古时国君遇到粮食歉收，就要减少膳食的种
类；而今百姓都处于饥饿之中，我们怎么能只顾自己吃饱呢？"于
是伏湛全家改吃粗米，并把俸禄拿出来赈济乡里百姓，来投靠的
流民达百余家之多。当时平原郡的门下督（主管捕盗事宜的官
吏）想要拥护伏湛聚众起兵，伏湛将其斩杀，传首示众，百姓由此
人心安定，平原一郡得以保全，都是伏湛之功。

② 儒雅兒（ér）宽：儒雅，学识深厚，气度文雅。兒宽（？—前103），
西汉大臣。据《汉书·兒宽传》，兒宽从孔安国学经，以射策中
第，补任掌故（太史令的属官），后以功次迁为廷尉文学卒史，为
廷尉府作奏书，援引经义，得到廷尉张汤与汉武帝的欣赏，又为
汉武帝讲《尚书》一篇，累迁左内史。兒宽为人温良，善作文章，
而懦于武事，治民任吏皆以仁厚为主，征收租税时，遇百姓困难，
就暂缓征收。后来遇到征发军需，左内史辖区因欠租考核居末，
兒宽要被免职。百姓听说后，害怕失去这样好的长官，于是自发
向官府交租，队伍络绎不绝，兒宽的考核成绩因此成为第一。汉
武帝得知后，就更加欣赏他了。

③ 欧母画荻（dí）：欧母，欧阳修的母亲。欧阳修（1007—1072），北宋
文学家、大臣。画荻，用荻枝在地上写字。荻，一种草本植物，俗
称野苇子。据《东都事略·欧阳修传》，欧阳修四岁丧父，母亲郑
氏发誓守节不嫁，自己教儿子读书。由于家里贫穷，母亲就折下
荻枝，在地上教他写字，以省下买纸笔的花费。

④ 柳母和（huò）丸：柳母，柳仲郢的母亲。柳仲郢（？—864），唐代大
臣。和丸，配制药丸。据《新唐书·柳公绰传附柳仲郢传》，柳仲郢
的母亲韩氏善于教子，柳仲郢幼年嗜学，母亲为他配制熊胆丸让柳
仲郢夜里读书时咀嚼咽下，以熊胆的苦味刺激他刻苦学习。又，据

司马光《家范》，柳仲郢的母亲是将苦参、黄连磨成粉末，与熊胆和成丸药，分给儿子们，每到夜里读书的时候，则含之以消除睡意。

【译文】

伏湛任平原太守时，以俸禄赈济百姓，自食粗粝，又阻止郡吏起兵自立，一郡百姓因此得安；兒宽温良儒雅，以经术起家，任左内史时，治民任吏皆以仁厚为主，为百姓所敬爱。欧阳修的母亲郑氏教他读书，以荻枝在地上写字以省花费；柳仲郢的母亲韩氏为他调制熊胆丸，使其夜里读书时咀嚼，以除困意。

韩屏题叶[①]，燕姞梦兰[②]。漂母进食[③]，浣妇分餐[④]。

【注释】

①韩屏题叶：韩屏，即韩翠屏，唐代宫女。据《云溪友议》，中书舍人卢渥在长安应举时，偶然从御沟（从宫中流出的河水）中捡到一片红叶，上有一首绝句："水流何太急，深宫尽日闲。殷勤谢红叶，好去到人间。"卢渥将红叶收藏起来。此后唐宣宗放宫人出宫，允许他们嫁给官吏，但不许嫁给参加贡举的士子。卢渥后来在范阳做官，得娶其中一人，恰是当年在叶上题诗的宫女。然《云溪友议》未言宫女姓名。宋人刘斧《青琐高议》收张实《流红记》，亦本其事，但改卢渥为于祐，称宫女为韩夫人。元人白朴复采其事，作杂剧《韩翠苹御水流红叶》，宫女始有全名。明人王骥德又据以作《题红记》，改于祐为于祐，韩翠苹为韩翠屏。《龙文鞭影》的作者萧良有与王骥德同时，当见过《题红记》的演出，本书谓题叶者为韩翠屏，或即因此之故。

②燕姞（jí）梦兰：燕姞，春秋时郑文公之妾。据《左传·宣公三年》，郑文公有小妾燕姞，梦见天神送给她兰草，说："我是你的祖先伯儵，将这个作为你的孩子。兰草是一国之中最香的。"燕姞将梦

告诉郑文公,郑文公与她同宿,给她兰草作为信物,等有了孩子后,就起名为"兰"。后来郑文公杀太子华,尽逐诸子,公子兰逃奔晋国,晋文公兴师伐郑,要求郑文公立公子兰为太子。郑国大夫石癸对郑文公说:"姞姓曾出过后稷(周人的先祖)的正室,其后人必有昌盛者,而公子兰的母亲正是她的后代。如今夫人所生的嫡子都死了,剩下的儿子都不如公子兰贤能。如今围城的局势已很危险,晋国以立公子兰为要求,还有什么比立他为嗣更有利的呢?"遂立公子兰为太子,就是后来的郑穆公。按,春秋时期贵族名号的通习是男子称氏,女子称姓,女子嫁到其他诸侯国的,还要在姓前面加上母邦的国号,以作区分。燕姞是来自姞姓南燕国的贵族女子,故有此称。

③漂(piǎo)母进食:漂母,以漂洗丝絮为业的老妇。据《史记·淮阴侯列传》,韩信少年时贫苦,在河边钓鱼,有一群老妇也在河边漂洗丝絮,其中一位可怜韩信,把饭分给他吃,如此数十日。韩信对漂母说:"将来我一定要厚报您。"漂母生气地说:"你身为男子汉不能供养自己,我是可怜你,所以给你吃的,谁指望你的报答?"后来韩信助刘邦攻灭项羽,被封为楚王,到封国后,召来漂母,赐给她千金作为报答。

④浣(huàn)妇分餐:浣妇,此处指捣洗丝绵的妇女。浣,洗。据《吴越春秋·王僚使公子光传》,伍子胥因父兄被楚平王杀害,逃奔吴国,中途得病,乞食于溧阳。当时正好有一女子在濑水边捣洗丝绵,竹筐中带有饭食。伍子胥向女子求食,女子说自己与母亲一起生活,三十岁未嫁,不能把饭给男子吃,但最终还是将食物给了伍子胥。吃完后,伍子胥离开,又折回对女子说:"夫人请收拾好食器,不要让人发现。"女子叹道:"唉,我与母亲一起住了三十年,守贞不愿嫁人,怎么能把饭给男人吃呢?这是不合礼仪的事情,我所不忍为,你走吧。"等伍子胥走出几步再回头,女子已

经投水自尽，以此表示坚守贞操，且不会泄露馈食于伍子胥
之事。

【译文】

宫人韩翠屏在红叶上题诗，通过御沟流水流出宫外，为于祐所得，后二人竟成夫妇；燕姞梦见先祖给她兰草，预告她将生下贤能的儿子，燕姞与郑文公生子，即以"兰"命名，就是郑穆公。韩信微贱时，乞食于漂母，后来被封为楚王，送给漂母千金作为回报；伍子胥逃奔吴国时，曾向捣洗丝绵的妇女乞食，女子给他食物充饥，自己却为守贞投水而死。

十五删

令威华表[①]，杜宇西山[②]。范增举玦[③]，羊祜探环[④]。

【注释】

①令威华表：令威，即丁令威，汉代仙人。华表，古代宫廷、陵墓等大型建筑物前作装饰用的一种石柱。据《新辑搜神记》，辽东人丁令威学道于灵虚山，后来变成一只仙鹤回到故乡辽东，站在城门前的华表上。有少年想要举弓射他，丁令威飞起来，在空中徘徊，并吟诗道："有鸟有鸟丁令威，去家千岁今来归。城郭如故人民非，何不学仙冢垒垒。"然后就高高飞起，直冲天际。

②杜宇西山：杜宇，传说中上古蜀国的君主。西山，古代四川地区山名。具体所指何山，有异说，但不出川西岷山山脉与邛崃山脉之范围。据《华阳国志·蜀志》，蜀地最早称王的人是蜀侯蚕丛，其后有一代叫杜宇的君主，教民务农，号为望帝。杜宇统治国家时，遭遇了一场水灾，他的国相开明挖通了玉垒山（山名。在今四川都江堰）以除水患，杜宇就把国政交给开明，又仿效尧、舜禅让之例，以君位相让，自己住到西山去。当时正好是二月，杜鹃开始鸣叫，因此蜀人听到杜鹃的叫声都感到悲伤。按，一说杜宇

化为子规（即杜鹃）。

③范增举玦（jué）：范增，项羽的谋士。玦，古代玉佩的一种，形如有缺口的环，因与"决"谐音，也用于暗示"决断"或"断绝"之意。据《史记·项羽本纪》，项羽攻入关中，屯兵于新丰鸿门（今陕西西安临潼区），范增劝项羽道："刘邦在关东的时候，贪财好色，如今入关，财物、美女一无所取，证明他的志向不小。我让人望其气，皆为龙虎，成五彩，这是所谓天子气。请赶紧攻打他。"后来刘邦到项羽军中谢罪，项羽设宴款待，范增在宴上多次举起所佩的玉玦，暗示项羽下决断诛杀刘邦，项羽都不听从。事后，范增生气地说："唉，竖子（小孩子，这里作叱骂之辞，指项羽）不值得我为他谋划。夺取项王天下的，一定是刘邦。我们这些人都要被他俘虏啦。"

④羊祜（hù）探环：羊祜（221—278），西晋大臣。探，伸手去拿。据《晋书·羊祜传》，羊祜五岁时，忽然让乳母到邻家李氏的园子里去，从一棵桑树的树洞中拿出一个金环。李氏知道后说："这个金环是我死去的儿子丢掉的。"于是大家都说羊祜是李家的儿子转世。

【译文】

丁令威学仙有成，化成仙鹤飞到故乡城门前的华表上，吟诗感慨；杜宇让位于国相开明，退居西山，时杜鹃始鸣，故蜀人闻杜鹃鸣而悲伤。刘邦到鸿门军营拜见项羽，范增欲劝项羽杀刘邦，多次以玉玦暗示，而项羽不听；羊祜五岁时，让乳母到邻家李氏园中找到一个金环，时人以为羊祜是李氏去世的儿子转世。

沈昭狂瘦①，冯道痴顽②。陈蕃下榻③，郅恽拒关④。

【注释】

①沈昭（zhāo）狂瘦：沈昭，即沈昭略，南齐官员。据《南齐书·沈

昭略传》，沈昭略性情狂傲，不肯侍奉公卿，常借酒发狂，无所谦让。沈昭略曾喝醉了酒，率领家中宾客到娄湖苑（南朝园林名）闲游，遇见大臣王景文的儿子王约，便瞪着他问道："汝是王约邪？何乃肥而痴。"王约不肯示弱，说："汝沈昭略邪？何乃瘦而狂。"沈昭略大笑道："瘦已胜肥，狂又胜痴，奈何王约，奈汝痴何！"

②冯道痴顽：冯道（882—954），五代时大臣，历事后唐、后晋、后汉、后周四朝，多次出任宰相。痴顽，愚蠢顽劣。据《新五代史·冯道传》，契丹灭后晋，冯道到京师朝见契丹皇帝耶律德光，耶律德光责备冯道侍奉晋朝无善状可称，冯道不能答对。又问冯道为何来朝，冯道答道："无城无兵，安敢不来？"耶律德光又讥讽地问："尔何等老子？"回答说："无才无德痴顽老子。"耶律德光很高兴，就任命冯道做太傅。按，冯道在后晋灭亡时任威胜军节度使，镇邓州（今河南邓州），管领邓、随、泌、复、郢五州，而自谓"无城无兵"，恐未得其实。此语不见《旧五代史》本传，或别有所据。

③陈蕃（fán）下榻：陈蕃（？—168），东汉大臣。榻，狭长而较矮的床，最初是一种坐具。据《后汉书·徐稺传》，陈蕃做豫章太守时，礼请徐稺为功曹，徐稺无法推辞，就前往拜谒陈蕃，然后去职。陈蕃在郡，不与宾客交往，只有徐稺来的时候才接见。他为徐稺特别准备了一张榻，徐稺离开后，就把榻挂到墙上，不给其他人坐。按，汉代地方长官可以自辟属吏，属吏对长官，如臣之事君。功曹为郡吏中的要职，主管本郡人事，并参与政务，陈蕃以徐稺为功曹，足见信重。徐稺既难违君臣之名义，又感念陈蕃之信任，故既谒而退。

④郅恽（zhì yùn）拒关：郅恽，东汉官员。关，城关，关口，这里指城门。据《后汉书·郅恽传》，郅恽做京师洛阳上东门（城门名）的城门候（守门官）时，汉光武帝出城打猎，回来晚了，郅恽拒绝为他开门。光武帝命从官点起火把，照着自己的脸，郅恽却说"火

光遥远，看不清楚"。光武帝无奈，从东中门进了京城。第二天，郅恽上书劝谏光武帝不要沉溺游猎，光武帝赐给他一百匹布，把东中门的守门官降为县尉。

【译文】

沈昭略性情狂傲，曾讥刺王约"肥而痴"，王约反唇相讥，说沈昭略"瘦而狂"，沈昭略却不以为意；契丹灭后晋后，冯道来见契丹主耶律德光，自称"无才无德痴顽老子"。陈蕃为豫章太守，为徐穉特设一榻，等徐穉离开后就悬于墙上；郅恽做京城的守门官，拒绝为汉光武帝深夜开城门，又上书劝谏，受到光武帝的赏赐。

雪夜擒蔡^①，灯夕平蛮^②。郭家金穴^③，邓氏铜山^④。

【注释】

①雪夜擒蔡：蔡，即蔡州，今河南驻马店。据《旧唐书·李愬传》，唐宪宗下诏讨伐割据蔡州的淮西节度使吴元济，当时，先后两任唐、邓节度使高霞寓、袁滋都打了败仗，宪宗遂以李愬为邓州刺史、御史大夫，充随、唐、邓三州节度使。由于李愬之前地位不高，吴元济对他并不在意。李愬抓住这个机会，先是稳定因屡败而散乱的军心，继而不断蚕食蔡州周边的寨栅，最终于元和十二年（817）十月初十趁雪夜突袭蔡州，攻入城中，擒获吴元济，为平定淮西叛乱立下殊勋。

②灯夕平蛮：灯夕，即上元节，今称元宵节，古人在这一天夜里大规模张设花灯，故名"灯夕"。蛮，我国南方古代少数民族，后成为对南方少数民族的通称。据《梦溪笔谈·权智》，狄青以枢密副使宣抚广西，镇压反抗宋朝统治的侬智高。侬军据守昆仑关，一时难以攻下。狄青到宾州（今广西宾阳），正逢上元节，狄青大张灯火，摆设宴席，宣称第一夜宴请高级将领，第二夜宴请从军官

员,第三夜大犒军士。第一夜奏乐饮宴,通宵达旦,第二夜到了二更时,狄青自称身体不舒服,要暂时入内休息,过了好一阵,又派人通知广南东西路安抚使孙沔主持宴会,等自己服药之后,还要出来,还多次遣人来问候在场宾客。宴会一直持续到早晨,无人敢离开,忽然有人骑快马来报信说:昨夜三更时,狄青已经攻陷昆仑关了。

③郭家金穴:郭家,即郭况家。郭况,东汉光武帝皇后郭圣通的弟弟。金穴,藏金洞。据《后汉书·皇后纪上》,郭皇后被废后,郭家恩宠不衰,郭况封阳安侯,拜大鸿胪(汉代官名。九卿之一,主管诸侯及藩国事务),光武帝多次到他家去,还召集公卿、诸侯到郭况家宴饮,赏赐金钱、缣帛,丰厚无有其比,当时人都说郭家是"金穴"。

④邓氏铜山:邓氏,即邓通家。邓通,汉文帝宠臣。据《史记·佞幸列传》,汉文帝命相士给邓通相面,相士说邓通将来要贫穷饿死,汉文帝不信,对邓通说:"朕要想让你富,有何难哉?"于是把蜀郡严道(今四川荥经)的铜山赐给邓通,允许他自行铸钱,一时之间,邓氏所铸的钱遍及天下。汉文帝去世后,汉景帝即位,先将邓通免职,又因有人告邓通在境外铸钱,查验确有其事,于是将邓通的家产全部没收。汉文帝之女馆陶长公主赐给邓通的钱财,也被官员没收,长公主只能让人借给邓通衣服和食物。最终,邓通沦落到一文不名的地步,寄居在别人家直到去世。

【译文】

李愬征讨淮西吴元济,趁雪夜攻入蔡州,平定淮西之乱;狄青面对要隘昆仑关,诈设元宵宴会,在宴中离席,奇袭关隘,一举成功。郭况累受汉光武帝赏赐,家中大有金帛,京城谓之"金穴";邓通受汉文帝赐予铜山,自行铸钱,但最终被汉景帝没收家产,寄食以终。

比干受策^①，杨宝掌环^②。晏婴能俭^③，苏轼为悭^④。

【注释】

①比干受策：比干，即何比干，西汉官员。策，即竹简，由于汉代皇帝下诏书用策，也代指诏书。据《册府元龟》，西汉征和三年（前90），天降大雨，何比干在家，中午梦到有很多贵客乘车骑马，填塞门户，醒来之后，就对妻子说了。还没有说完，门口来了一位八十多岁的老妇，请求避雨。雨停之后，何比干送老妇到门口，老妇说："公有阴德，今天赐君策以广公之子孙。"于是从怀中取出符策，状如竹简，长九寸，共九百九十枚，说将来何比干的子孙佩戴印绶的，也会有这么多。

②杨宝掌环：杨宝，两汉之交经师。据《后汉书·杨震传》李贤注引《续齐谐记》，杨震之父杨宝九岁时，曾救了一只黄雀，把它带回家治伤。黄雀的伤养好后，就飞走了。一天夜里，一个黄衣童子向杨宝跪拜报恩，说："我是西王母的使者，蒙您仁爱拯救，实在感激不尽。"于是拿出四枚白玉环送给杨宝，说："让您的子孙清廉洁白，位登三公，就像这玉环一样。"按，杨宝子杨震、孙杨秉、曾孙杨赐、玄孙杨彪都做到三公，皆以德望著称当世，故后人造作出这样的故事。

③晏（yàn）婴能俭：晏婴，春秋时齐相。据《史记·管晏列传》，晏婴先后侍奉齐灵公、庄公、景公，以节俭力行，名重于齐。他做了齐相之后，吃饭没有第二道肉菜，妾不穿帛制的衣服。又据《礼记·礼器》，晏婴祭祀先人，用作祭品的猪腿肉还盖不住豆（古时用来盛肉的高足盘）的底，上朝时穿的是洗过的衣服，君子（指儒家学者）认为他褊狭。按，一些儒家学者认为，人在哪个阶层，就应该按哪个阶层的标准生活，所以认为晏婴的节俭是褊狭，但古往今来，大多数讨论此事的人还是认为晏婴的节俭是一种美

德，是值得赞许的。

④苏轼（shì）为悭（qiān）：悭，吝啬。据苏轼《与李公择（按，李常字
公择）书》，苏轼给李常写信说："收到你的来信，知道整理行装财
不敷用，确实不易。我马上五十岁了，才知道过日子最重要的是
吝啬，说得好听一些，谓之俭素。然而我们这样的人做这样的事
情，和俗人又不同，真可以说是淡而有味。口体之欲，无穷无尽，
加以节俭，也是惜福延寿之道。这话说起来好像鄙俗，也是出于
不得已，但我自己觉得还是个好办法，不敢独用，所以献给你。
在京师居住，尤其应该用这个办法。"

【译文】

何比干有阴德，上天赐给他九百九十枚符策，象征他会有如此多的
子孙做官；杨宝救了化为黄雀的西王母使者，黄雀回报给他四枚玉环，
祝愿杨宝的子孙都像玉环一样清白，且官至三公。晏婴虽身为齐国国
相，但始终节俭，吃饭没有第二道肉菜，妾不穿帛制的衣服；苏轼给李常
写信，告之以适当吝啬、节制欲望的生活方式，希望李常能够自我控制。

堂开洛水①，社结香山②。腊花齐放③，春桂同攀④。

【注释】

①堂开洛水：堂，建筑类型名。一般指高大的正房。洛水，黄河支
流，此以洛水代指洛阳。据《邵氏闻见录》，元丰五年（1082），文
彦博以太尉出任西京（按，宋以洛阳为西京河南府）留守，当时富
弼以司徒致仕，也居于洛中。文彦博向往白居易"九老会"的佳
话，于是召集在洛阳的公卿大夫中高龄有德者搞了"耆英会"，又
在佛寺资胜院建"耆英堂"，命福建人郑奂将与会者画在堂中。与
其会的老臣以富弼、文彦博、王拱辰为首，共十三人，司马光也在
其列。

②社结香山：社，古代的一种民间团体。香山，山名。在今河南洛阳。白居易晚年与香山寺僧如满结香火社，往来甚密，自号香山居士，见《旧唐书》本传。如满为白居易晚年挚友，白氏有《九老图诗（并序）》，云："会昌五年三月，胡、吉、刘、郑、卢、张等六贤于东都敝居履道坊，合尚齿之会。其年夏，又有二老，年貌绝伦，同归故乡，亦来斯会，续命书姓名年齿，写其形貌附于图右，与前七老题为九老图，仍以一绝赠之。二老谓洛中遗老李元爽，年一百三十六；归洛僧如满，年九十五岁。"按，"胡、吉、刘、郑、卢、张等六贤"，即与白居易结七老会之胡杲、吉皎、刘真、郑据、卢贞（一作卢真）、张浑，时又有秘书监狄兼谟、河南尹卢贞（与七老中之卢贞非一人），年未及七十，与会而不列名。据此，则我国古代文化史上著名的香山九老即为七老加上李元爽、如满。《新唐书·白居易传》云："尝与胡杲、吉旼、郑据、刘真、卢真、张浑、狄兼谟、卢贞燕集，皆高年不事者，人慕之，绘为《九老图》。"则不但误以七老加狄兼谟、卢贞为九老，而漏去后来二人，更错以"吉皎"为"吉旼"。受欧阳修影响，自宋代起，世人多误以《新唐书》所记为正，如文彦博修香山故事，建"耆英会"，邀年未七十的司马光入席，即云"用唐九老狄兼谟故事"，故于此略作辨明。

③腊花齐放：腊，腊月，即农历十二月。据《唐诗纪事》，周武则天天授二年（691）腊月，朝中公卿诈称皇家园林开了很多花，请已经称帝的武则天去看花，想要借此发动政变。武后答应了，后又怀疑有密谋，于是派遣使者到园林宣诏说："明朝游上苑，火急报春知。花须连夜发，莫待晓风吹。"第二天凌晨，园林中果然开满名花，群臣都被这样的异象震服。按，从现存史料中，看不到天授二年末有朝臣图谋发动政变的迹象，或因长寿元年（692）正月酷吏来俊臣诬陷宰相狄仁杰、裴行本等数十人谋反，故后人附会之。

④春桂同攀：春桂，春天的桂花。按，一般桂花品种均是秋季开花，故古人以春天开放的桂花为异象，但桂花中有一种"四季桂"，是一年四季均可以开花的。攀，摘取。据明代中期王同轨的笔记小说集《耳谈》，明代仪真（今江苏仪征）人蒋南金与王大用未中举时是同学，交情最好。元旦（旧指正月初一日，即今日所谓春节）时，两人一起到庙中游玩，闻到桂花香味，说："桂花如此之香。"当时庙中游客很多，都没闻到，还说："下雪的时候，还有桂花吗？"蒋、王二人走到左右两棵树前，各自折得一枝已经开花的花枝。众人才感到诧异，争相上前折花，却已经没有了。出庙时，众人听到一群小孩子拍着手念歌谣："一布政，一知府，掇高魁，花到手。"有人问他们为什么要这样唱，小孩子说："我们懂得什么，只是随口说罢了！"后来，二人同科中了举人，次年，王大用中正德戊辰科进士，后来官至布政使，蒋南金官至知府，果然都如歌谣所说。按，据《明史》，王大用官广东右布政使后，还曾出任顺天巡抚、四川巡抚。

【译文】

文彦博做西京留守，与富弼等老臣结耆英会，建"耆英堂"；白居易晚年退居洛阳，与胡杲等九人结社聚会，号称"九老"。武则天时，朝臣诈称园林开花，欲诱骗武则天，借机发动政变，武则天遂下诏"花须连夜发"，次晨果然满苑名花；蒋南金与王大用元旦去庙中游玩，折得两枝初春开放的桂花，出庙时有小儿拍手歌唱"一布政，一知府，掇高魁，花到手"，后果如歌谣所言。